빽 없는 워킹맘의 육아
✖
직장 생존비책

안유림

빽 없는 워킹맘의 육아×직장 생존비책

인쇄 1쇄 | 2025년 6월 10일
발행 1쇄 | 2025년 6월 15일

지은이 | 안유림
펴낸곳 | 나비소리(nabisori)
펴낸이 | 최성준
교정교열 | 배지은
전자책 제작 | 모카
출판등록 | 2021년 12월 20일
등록번호 | 715-72-00389
주소 | 경기도 수원시 팔달구 효원로249번길 46-15
전화 | 070-4025-8193
팩스 | 02-6003-0268
원고투고 | nabi_sori@daum.net
상점 | www.nabisori.shop.
살롱| blog.naver.com/nabisorisalon
ISBN | 979-11-92624-20-4(03810)

제가 이 책을 쓰기까지의 삶을 함께해주고
제 삶에 어둠이 덮칠 때마다
언제나 그 자리에서 빛이 되어준
달님(남편)과 샛별(아들)에게
무한한 사랑을 전합니다

"아이 낳고 언제가 가장 행복한가요?"라는 후배의 질문에
"매일요. 매일 행복해요"라고 답했습니다. 진심입니다.
하지만, 후배가 만약 "언제가 가장 힘드세요?"라고 물었다면
저는 주저 없이 "매일요. 매일 힘들어요"라고 답했을 것입니다.
매일이 행복하지만, 매일이 힘들기도 한 것이 현실이니까요.

저는 5년 차 워킹맘입니다.
양가 어른들의 도움을 받지 않다 보니 복직 후 1년 동안 도우미 선생
님만 4번 바꿀 정도로 다사다난한 상황을 겪었습니다. 엄마가 복직
하자마자 아프기 시작하는 아이, 그와 상관없이 돌아가는 회사 업무
사이에서 방황도 많이 했습니다.

복귀 후 가장 많이 한 생각은 '그만 고민하고 싶다'는 것.
아이를 두고 야근을 해야 할 때, 출장을 가야 할 때, 출근을 했는데
아이가 아플 때, 도우미 선생님이 그만두실 때 등 머리 터지게 고민
해야 할 수많은 순간이 있었지만 별 뾰족한 수가 없었습니다.

내가 원하는 선택지는 없는데 계속 선택을 해야 하는 상황이랄까요. 정말 그런 고민은 그만하고 싶었습니다.

저는 사내 최초 육아기 단축근무자, 육아시간 최초 도입자 및 사용자입니다. 최초이기에 몰랐던 법규와 제도들을 스스로 공부하며 제도를 신청했습니다. 어느 순간엔 고용노동부의 자문까지 구해가며 제도의 불합리하거나 부당한 부분들을 개선하기도 했습니다. 그리고 이 책을 쓰는 현재 저는 회사의 가족친화경영 담당자가 됐습니다.

지금도 여전히 고군분투 중이지만, 분명한 건 포기하지 않고 제가 넘어온 언덕들이 어느새 비빌 언덕이 되었다는 점입니다. 그렇게 수많은 시행착오를 거쳐 발굴해온 저의 비장의 카드들이 일과 가정 사이에서 고민 중인 누군가에게도 비상금이 될 수 있을 것 같습니다.

대부분의 육아서는 엄마 아빠들의 마음을 다독여주곤 합니다. 또는 자녀의 훈육법에 대해 친절히 알려줍니다. 하지만 일하는 엄마나 아빠가 현실적으로 회사에서 쓸 수 있는 비장의 카드가 무엇인지는 제시해주지 못합니다. 또한 일과 가정의 양립을 위해 제정된 법과 제도들도 많지만, 대부분의 워킹맘·워킹대디들은 이러한 제도들이 '그림의 떡' 이라고 생각합니다.

회사 눈치가 보이기 때문입니다. 그리고 실제 그런 제도를 쓴 사람들이 별로 없기 때문이기도 합니다.

저 역시 마찬가지였습니다. 하지만 저는 눈치조차 볼 수 있는 상황이 아니었습니다. 그래서 워킹맘으로서 쓸 수 있는 법과 제도적 선택권을 찾아 어렵사리 사용했고, 그 후기를 필요한 이들에게 전하고 싶었습니다. 그렇게 저는 엄마나 아빠가 아이를 키우며 직장을 다니기 위해 사용할 수 있는 현실적인 모든 카드를 이 책에 담았습니다.

이 책은 육아휴직, 육아기 단축근무, 가족돌봄휴가, 육아시간 특별휴가 등 그림의 떡으로 생각됐던 제도들을 모두 사용해본 저의 리얼 후기입니다. 또한 저와 같이 제도와 법률의 도움이 필요한 누군가가 실질적으로 그 제도들을 사용할 수 있도록 도와주는 가이드북이기도 합니다. 다양한 제도를 실제 사용하며 느꼈던 각 제도의 장단점, 상황별 알아두면 좋을 팁, 신청창구들을 세세하게 담으려 노력했습니다.

1장 '임신한 직장인입니다'는 임신한 직장인으로서 고민할 수 있는 이슈들을 담고 있습니다. 회사에 언제 임밍아웃하는 게 좋을지, 임신부로서 출퇴근 시 불편한 점은 무엇인지, 임신한 직장인들이 꼭 알아야 하는 임신부보호법이 무엇인지 등의 내용을 담았습니다.

2장 '육아 전업맘입니다'는 일하던 여성이 육아휴직 신청 후 육아 전업맘으로 살면서 겪게 되는 정체성의 혼란과 시행착오에 관한 이야기입니다. 특히 공부 꽤나 한 엄마가 온갖 육아서와 육아컨설팅을 맹신하다 겪게 되는 시행착오들을 적나라하게 기록했습니다.

3장 '육아하는 직장인입니다(제도편)'는 말 그대로 육아와 직장생활을 병행하며 겪게 되는 다양한 상황과 그에 대한 솔루션들을 담고 있습니다. 복직 전 어린이집과 이모님을 구하는 방법, 복직 후 육아기 단축근무부터 육아시간 특별휴가까지 사용하며 습득한 팁들이 적혀 있습니다. (2025년 기준)

4장 '육아하는 직장인입니다(태도편)'는 제도와 현실 사이의 격차를 극복하기 위해 필요한 노하우를 담았습니다. 육아기 단축근무를 사용하며 듣게 된 뒷담화, 야근과 회식에 참여하지 못하는 것으로 인해 느끼는 불편함 등 현실 사회생활에서 생존하기 위한 마음가짐과 태도에 관한 이야기입니다.

5장 '여전히 나입니다'에서는 육아와 회사에 치여 나를 잃어버리기 쉬운 환경에서 여전히 '나'로 살 수 있게 하는 방법인 운동, 글쓰기, 관계 등과 관련된 저만의 방법들을 적었습니다.

6장 '아이를 낳아야 할지 고민하는 후배에게'는 실제 후배와의 대화에서 영감을 받아쓰게 된 장입니다. 회사를 다니며 출산과 육아에 대한 확신이 없는 후배들에게 그럼에도 불구하고 미리 겁먹고 포기할 필요는 없다는 마음을 편지 형태로 담았습니다.

마지막으로, 매일 힘들지만 그러면서도 매일 행복한 저의 진심을 전하기 위한 시를 수록했습니다. 너무나 적나라한 현실판 워킹맘의 이야기이지만, 그럼에도 그 안에서 행복을 찾아가는 희망을 공유하고 싶었습니다.
빽 없이 시작한 워킹맘의 이야기가 독자 여러분에게 좌절이나 포기가 아닌 희망과 용기라는 '빽' 이 되어주면 좋겠습니다.

이 책이 육아와 직장의 세계를 오가며 길을 잃었을 때,
나만의 길을 찾아주는 이정표이자
나만의 속도를 찾아주는 박자표,
나만의 균형을 찾아주는 공정표,
나만의 성공을 찾아주는 입장표가 되어주길
진심으로 바랍니다.

저자

차례

프롤로그 **005**

chapter 01_ **임신한 직장인입니다**

출산의 신 **016**

사내 임밍아웃 언제 할까? **022**

임신부가 타고 있어요 **029**

모성을 보호합니다(제도편) **033**

chapter 02_ **육아 전업맘입니다**

새벽 4시, 미저리 모닝 **040**

수면 컨설팅 받는 엄마 **045**

365일 삼시세끼를 차리는 일 **050**

육아 인스타그램의 늪 **054**

chapter 03_ **육아하는 직장인입니다** - 제도편 -

휴직할까, 복직할까 060

복직준비 3종 세트 065

빽 없는 워킹맘이 된다는 것 078

하루 3부제 근무 090

감당할 수 있겠어? 096

육아는 왕게임 104

갑을병정 중 정이 된다는 것 110

말이 씨앗이 되다 114

똑똑똑, 있나요? 120

워킹맘 죄책감 프레임 깨기 125

가족친화경영 담당자입니다 134

chapter 04_ 육아하는 직장인입니다 -태도편-

퇴근의 태도 **142**

경험과 비경험 사이의 언어 **148**

육아와 직장의 사각지대 **154**

나는 회사를 배려하지 않는다 **158**

손 안 대고 코 푸시려고요? **163**

85 vs. 15 **169**

오늘도 살았는데, 내일도 못 살겠어? **173**

chapter 05_ 여전히 나입니다

욱하기 전 네 가지 질문 **182**

자유의 여신은 운동을 한다 **191**

나의 치트키 **198**

육동(육아동지)이 필요한 10,000가지 이유 **209**

출퇴근 자부타임 **213**

chapter 06_ **아이를 낳을지 고민인 후배에게**

내가 아닌 '엄마'라는 이름이 무서워요 220

퇴근하고 다시 집으로 출근하는 삶은 어때요? 224

다시 돌아가더라도 결혼과 아이를 선택할건가요? 227

아이를 낳아야 할지 고민하는 후배에게 231

그날의 너 236

chapter 01

임신한 직장인입니다

출산의 신
10개월의 임신 기간, 무엇이 가장 힘들었을까

신체적으로는, '입덧'이었다.

정말 '망할 놈의 입덧'이란 말이 절로 나왔다.

내 입덧은 두통이 8할, 메스꺼움이 2할이었다.

임신을 안 순간(5주)부터 희한하게 시작된 입덧은 20주가 될 때까지 지속됐다. 언젠가 술 좋아하는 남편에게 나의 고통을 딱 한마디로 말한 적이 있다.

> 자기, 눈 뜨자마자 숙취인 느낌 알지?
>
> 그게 24시간 매일이야. 어떨 거 같아?
>
> 먹어도 우웩, 못 먹어도 우웩

1시간 가까운 출퇴근길 동안 운전을 하며 구역질을 몇 번이나 했을까. 아침에 눈 뜨자마자부터 밤에 눈을 감기까지 아픈 머리를 움켜잡고 몇 번이나 울었던가.

신체적 고통과 별개로 임신에 대한 나의 정신적인 고민은 다름 아닌 출산 방법이었다. 자연분만이냐, 제왕절개냐 그것이 문제로다.
물론, 내가 결정한대로 되는 것은 아니다. 다만 둘 다 할 수 있는 상황이라고 전제할 때, 혹시나 나에게 선택권이 있다면?
내 경우엔 30주쯤 갑자기 태아가 역아(태아가 뱃속에서 머리를 위로 하고 있는 상태)가 됐다.역아의 경우엔 자연분만이 불가능하다. 역아를 돌리려면, 고양이 자세 등의 운동을 해야 한다. 그런데, 조산기가 있다면?(네, 제가 그랬습니다) 37~38주 전에 아이를 조산하면, 아이가 미숙아로 태어날 가능성이 높고 아기의 장기가 미성숙하여 여러 위험한 상황을 겪을 수 있다. 산부인과 주치의 선생님이 말했다.

> **"**
> 자, 결정해야 해요.
> 조산기를 감수하고라도 운동해서 애를 돌릴 거예요?
> 아님, 가만히 침대에 누워서 애가 돌지 않으면
> 그냥 제왕절개할 거예요? 산모님의 선택입니다.
> **"**

안 그래도 아픈 머리가 지끈지끈.

멀쩡하던 애가 왜 갑자기 30주에 돌았을까(보통 30주 전에 위치변경 없이 자리를 잡는다).

결국 나는 결정했다. '최선은 못해도, 최악은 피하자!'

"가만히 누워있을게요."

정말 가만히 누워있었다.

임신 전까지 운동으로 기껏 만들어놓은 엉덩이 근육은 흔적도 없이 사라졌고, 우울증의 문턱을 넘었다 말았다를 매일 반복했다.

그러다 35주 정기검진 날이 왔다.

"산모님, 태아가 다시 돌았는데요!

어머, 이런 경우 별로 없는데. 임신 후기엔 애가 꽉 차서 뱃속에 돌 공간이 별로 없거든요. 효자네! 그런데 또 선택해야겠네?"

결국 나는 출산 방법을 다시금 선택해야 했다.

제왕절개냐 자연분만이냐 그것이 문제로다.

밤낮을 가리지 않고 고민한 결과 결국 나는 '제왕절개'를 선택했다.

예측 불가능한 최악의 경우를 맞닥뜨리는 것보단 예측 가능한 차선을 선택하는 게 낫다고 생각했기 때문이다. 여기서 말하는 최악의 경우란, 자연분만을 시도하다가 난산 끝에 태아의 여러 위험상황(태변을 먹거나, 탯줄을 위험하게 감고 있거나, 호흡을 하지 못하거나)

이 발생하여 아이도 산모도 위급하여 결국 '응급 제왕절개'를 하는 경우다. 이때 자궁은 다 열려서 자연분만의 고통과 신체적 변화(골반, 갈비뼈, 자궁의 산통 등)를 다 겪고도 제왕절개의 고통을 또 겪어야 하는 상황에 놓이게 된다. 그래서 나는 자연분만으로 순풍, 순산하는 게 최선일 수도 있지만 응급 제왕의 케이스가 주변에 너무 많은 관계로, 최악을 피하는 게 '차선'이라고 생각했다.

결론적으로 자연분만이냐 제왕절개냐를 고민할 때 두 가지를 생각해야 한다.
첫째, 사실 선택할 수 있을지 없을지 모른다. 만약 태아가 역아면 무조건 제왕절개. 자연분만 중 난산에 태아가 위험하면 응급 제왕절개를 해야 한다.
둘째, 두 가지 방법 모두 고통은 있다. 소위 그 고통을 자연분만의 경우 '일시불'로 겪고(순풍 낳고 나면 고통이 거의 없어진다고 하니) 제왕절개의 경우 '할부'로 겪는다(마취에서 깨는 순간부터 일주일은 모든 움직임에 고통이 따른다).

그럼 제왕절개를 한 내 경우는 어떠했냐고?
생각보단 버틸 만했다. 수술실은 추웠고 인력으로 제어가 안될 만큼 몸이 떨렸다. 나는 하반신 마취를 해서 아기가 나오는 순간 아기 얼굴을 보고 수면마취에 들어갔는데 마취를 한다고 해서 아기를 뱃속에서 꺼내는 느낌이 아예 없는 건 아니다.

'덜컹' 하는 느낌이 있다.

마취에서 깨는 순간 다양한 링거가 내 몸에 주렁주렁 달려있다. 이중 페인버스터라는 고통 경감제가 있는데, 최소 2일 이상 달게 되며 무조건 추천한다. 그래야 고통이 덜하다. 물론 잘 때 몸을 돌리는 것마저 자유롭지 못하다. 끙끙거리며 겨우겨우 몸을 열 번쯤 움찔거려야 한쪽으로 돌아눕기가 가능하다.

그래도 죽을 정도는 아니라는 거?

무엇보다 아기와 내가 안전하게 출산을 마쳤기에 후회가 없다.

어떤 방법으로 출산을 하든, 10개월 동안 아기를 뱃속에 품고 세상에 꺼낸 모든 산모는 위대하다. 그러니 어떤 방법이든 그 의미가 퇴색되지 않는다.

부디 나 같은 고민을 하는 여성들에게

내 글이 조금이나마 도움이 되기를 바란다.

출산의 신은, 모든 엄마다.

과정이 어떻든, 방법이 어떻든, 결과가 어떻든.

모든 엄마는 다른 건 몰라도 출산의 신은 분명하다.

제왕절개 후불제 줄이기

제왕절개든 자연분만이든 임신 동안 아이를 보호하기 위해 복부에 몰렸던 지방을 분산시키는 데는 피나는 노력이 필요하다. 특히 제왕절개를 한 산모라면 복직근이개의 회복이 절대적이다. 그렇기에 출산 3~6개월 이후부터 흉곽 호흡을 꼭 하고, 여건이 되면 필라테스 수업도 추천한다. 흉곽 호흡이 중요한 이유는 임신 중 자궁만 커지는 게 아니고 갈비뼈도 늘어나게 되는데 이에 따라 몸통 자체가 임신 전보다 커질 수 있기 때문이다.

흉곽 호흡은 늘어난 몸통의 간격을 좁혀주고 늘어난 갈비뼈들이 제자리를 찾도록 도와준다.

나도 아이를 낳고 6개월 후부터 필라테스 일대일 수업을 받았는데, 지금 인바디 결과를 비교해보니 당시 몸 상태가 지금보다 좋았다. 결국 출산의 방법보단 출산 후 관리가 중요하다는 말이다. 이 복직근이개를 잘 복구해야만 복부에 힘이 잘 들어가고, 지방만 쌓였던 복부에 근육을 저장할 수 있다.

유튜브에도 흉곽 호흡, 복직근이개 회복 방법에 관한 영상이 많으니 홈트를 통해 '호흡'만 잘 관리해도 절반은 성공이다.

사내 임밍아웃 언제 할까?
저 임신했습니다

임밍아웃의 최적의 시기?

만일의 사태를 대비한 확률적 최적의 시기는, 16주. 유산의 확률이 상대적으로 줄어드는 안정기이기 때문이다. 그러나 만일의 사태란, 말 그대로(만일(萬日)—모든 날) 일어날 수 있는 일이다.

그렇기에 내가 추천하는 임밍아웃 최적의 시기는 가능한 한 빨리, ASAP As Soon As Possible.

나는 코로나라는 특수상황에서 '재택근무 수요조사' 공지로 인해 임밍아웃 당했지만, 돌이켜보면 차라리 잘 된 것이었다. 임신을 의학적으로 확인했다면, 함께 일하는 직장 상사에게는 가급적 빠른 시일 내에 말하는 걸 추천한다.

남들이 뭐라고 생각하는지는 별로 중요하지 않다. 지금부터 제일 중요한 건 나와 내 아이니까.

때는 바야흐로 코로나가 창궐하던 2020년.
당시 우리 회사는 1층 입구에서 직원들이 돌아가며 열화상 체크 업무를 수행하고 있었다. 7월 첫 주 금요일 10시는 내 순번이었다. 그런데 왜인지 모르게 전날 밤, 임신테스트기를 해보고 싶어졌다.
결과는 두 줄.
너무나도 순식간에 선명한 두 줄이 나왔다.
불안해진 나는 우선 출근을 했다가 1시간 휴가를 쓰고 회사 근처 산부인과를 찾아갔다.

> **"**
> 아기집 보이시죠? 5주 정도 됐네요.
> 아기집이 있잖아요.
> 임신 확인서 써드려요?
> **"**

그렇게 나는 순식간에 임신부가 됐다.
검진 후 열화상 근무를 서는데 갑자기 머릿속이 복잡해졌다.
코로나가 한창인데, 임신부가 이렇게 열화상 근무를 서도 되는 것인가?

코로나에 감염되면 어떡해? 백신도 못 맞는데.

이전에는 별거 아니었던 사소한 업무가, 갑자기 나와 아이의 신변을 위협하는 엄중한 일로 느껴졌다.

그렇게 나는 임신을 안 다음 날부터 입덧에 시달렸고 하루 온종일 숙취에 시달리는 기분으로 출퇴근을 하고 있었다.

특히 나는 두통도 심했고 살도 많이 빠졌다.

임신 후 정기검진 때마다 살이 빠졌다는 이유로 담당 주치의 선생님에게 한 소리를 들었고, 결국 입덧약을 먹게 됐다. (참고로 나는 입덧약을 임신 20주 가까이 먹었다. 병원에서 안전성을 인정받아 처방해주는 약이니 걱정하지 말고 복용해도 된다. 당시엔 비급여로 꽤 비쌌는데 최근 기사를 보니 건강보험이 적용된다고 한다.)

'회사에 임신 사실을 말해야 하나? 말하고 양해를 구해야 하나?'

생각이 들다가도 내가 임신하기 전 임신부들을 보며 했던 생각을 떠올렸다.

나는 그때 아무것도 모르는 이기적인 천둥벌거숭이였기 때문에 육아휴직을 무기로 쓰는 사람들에 대한 부정적 편견에 일부 동의하고 있었다.

내가 임밍아웃을 조금 더 망설인 이유는 당시 팀 내 여직원 중 임신 및 출산 경험자가 없었기 때문이다.

우리 삶을 이해하고 설명하는 단어 중 하나가 '경험'인데 특히나 임신과 출산처럼 전 생애를 통틀어 신체가 뒤바뀌는 사건은 경험 여부에 따라 더욱 다르게 느껴질 수밖에 없다. (그래서 임신을 하게 되면, 온 세상 임신부가 마치 내 친구처럼 느껴진다.)

그러던 중 공지가 떴다.
<코로나 확산에 따라 임신부 재택근무 권고. 팀 내 임신한 직원이 있는지 확인 바람.>

7월 초가 임신 5주였으니, 공지가 뜬 8월은 12주도 채 되지 않은 상태였다. 소위 말하는 안정기가 되기 전이었다. 그러나 임신을 했는데 안 했다고 할 수도 없고, 솔직히 매일 구역질을 참아가며 마스크를 쓰고 앉아있는 것보단 재택근무가 나았다.
그렇게 나는 코로나 특별복무방침에 따라 임밍아웃을 했다. 이때부터 나는 회사 규정에 보장돼있는 보건휴가를 찾아봤고, 월 1회 정기 검진 시간을 특별휴가로 받을 수 있었다.

다만 한 가지 몰랐던 건 임신부에게 야근을 시킬 수 없다는 것인데, 임신 7개월쯤 장거리 출장을 가서 회의를 한 일이 있는데 그 회의가 저녁 8시쯤 끝났다. 그래서 나는 그곳에서 저녁을 먹고 회사로 돌아왔고 저녁 9시가 넘어 초과근무 신청을 올렸다.

그런데 한 달 뒤 인사팀에선 임신부는 초과근무를 할 수 없으니, 그에 따른 보상을 주게 되면 법적으로 문제가 생길 수 있다고 했다. 나를 포함한 우리 팀원이나 팀장님도 모르는 사안이었으니 크게 억울할 것까진 없었지만 돌이켜보면, 정말 만에 하나(임신 후부턴 만에 하나를 매일 생각한다) 무슨 일이 있었으면 법을 모르고 경솔했던 내 탓만 할 뻔했다. 그러니 임신을 하면 법과 사내 규정 등을 빠삭하게 알아야 한다.

당시 나는 임당 직전의 임신부라 밥도 현미 100%만 먹고, 인스턴트 등을 먹지 않는데 초과근무를 한 날 점심은 편의점에서 컵밥을 먹었고 저녁은 근처 부대찌개 집에서 먹었다. 썩 내키는 선택지들은 아니었다.

돌이켜보니 이런 일상의 사소한 선택지에서 임신부는 사회적 약자, 즉 '배려'가 필요한 대상이다.

물론 나는, 혹은 일하는 대부분의 여성은, '약자'라는 단어를 썩 좋아하지 않는다. 그냥 대등하고 동등한 대우를 바랄 뿐 여자라는 이유만으로 약자로 배려받는 현실 자체가 부당하기 때문이다. 그러나 어쩌겠는가. 임신은 여성만이 할 수 있는 영역이고, 내 몸속에 생명체가 잉태되어 있는 한 세상 모두는 나에게 가해자가 될 수 있으니, 어쩔 수 없이 사회적 약자가 아니겠는가.

괜히 눈치 보면서 아쉬운 소리 하는 것?
당연히 하기 싫다. 나도 그랬다.
하지만, 그럼에도 불구하고 해도 된다.
아니, 꼭 해야 할 때가 있다.

> **"**
> 만약 이 글을 읽는 여러분이 임밍아웃을 고민하고 있다면,
> 말하라. 당당하게.
> 나 임신부니까, 배려하라고!
> 권리를 찾고, 배려를 요구하는 순간, 약자는 강자가 된다.
> (그리고, 출산 이후부터는 이런 선택이 필수가 된다.)
> **"**

임신한 근로자 보호법

임신한 근로자에겐 임신 12주 이내, 32주 이상의 기간 동안 1일 2시간의 단축근무가 부여된다. 이때 임신확인서가 필요하므로 아기집이 보이기 시작하는 약 5주 차에 산부인과에서 임신확인서를 떼서 인사담당자에게 제출하자.

또한 임신한 근로자에게는 야근을 시킬 수 없다. 이때 야근 시간은 단축근무를 포함한 1일 8시간까지는 허용되지만, 그 이상의 초과 근무를 해야 할 경우 고용노동부장관의 허가가 필요하다는 점 잊지 말자.

마지막으로 산부인과 정기검진 때마다 연차가 아닌 태아검진 시간(유급)을 사용하면 된다.

임신부가 타고 있어요
안전띠 하나, 달린 목숨 둘

내 몸속엔 심장이 두 개니까, 안전띠도 두 개 매야 할 것 같은 출근길.
그런데 내가 안전띠를 아무리 단단히 맨다 한들, 다른 운전자들이 내
가 임신부인지 아닌지 알 길이 없다. 그래서 나는 '임신부가 타고 있
어요' 스티커를 사서 붙였다.

체감하기로는 '초보운전입니다' 스티커보다는 효과가 좋았다.
보통 '초보운전'이라고 하면 심보 나쁜 운전자에겐 먹잇감이 되어
끼어들기를 당하기 일쑤인데 이보단 생명의 엄중함을 아는 보통의
사람들이 더 많기에 '임신부가 타고 있어요'가 실효성이 높았다.
보다 현실적으로 얘기해 보자면, 사고가 날 경우 조금 더 골치 아파
지기 때문일지도.

나의 경우 임신 전 나의 컨디션이 운전에 영향을 주는 일이 거의 없었는데, 임신을 한 후엔 호르몬의 노예 운전이 시작됐다.

일단 속이 좋지 않다.

운전자는 멀미를 하지 않지만, 임신한 운전자는 멀미를 할 수 있다. 운전 중 갑자기 올라오는 메스꺼움에 '욱' 하는 소리를 내기를 여러 번, 남들이야 모르겠지만 근 50분 거리를 운전하는 나에게는 그야말로 죽을 맛이었다. 그래서 퇴근길에는 회사 매점에 들려 목캔디나 새콤달콤 레몬 맛을 상시 구비해서 가지고 다녔다.

나의 드라이브 친구는 새콤달콤 레몬맛. 상큼한 걸 질겅질겅 씹으면서 운전하면 욱─하고 올라오는 메스꺼움을 잠시나마 누를 수 있다.

그나마 운전은 낫다. 문제는 주차다.

주차 능력의 문제가 아니라, 주차 공간의 문제.

모두가 알다시피 우리나라 주차장은 공간이 협소하다.

차들 사이의 공간은 거의 없다시피 하다. 그런데 배가 나온 임신부가 주차 후 몸을 구겨서 나와야 한다면 이건 합당한 공간일까?

출퇴근하는 임신부는 매일 몸을 구긴 채 차밖으로 나와야 한다.

우리 회사에는 임신부를 위한 주차 공간이 별도 배정되어 있지 않다.

생각해보니 그때는 문제의식이 없었다.

그러나 들어보니 남편 회사는 셔틀버스를 운행하는데, 임신부들을 따로 인식할 수 있도록 사원증에 표시를 한다고 한다. 버스를 타서 좌석에 앉거나 버스에서 내릴 때 위험한 일이 일어나지 않도록 보호하기 위해서다.

임신부는 소수다. 아마 미래에는 더더욱 소수가 될 것이다. 이들은 다수가 겪어보지 못하는 경험을 10달 동안 한다. 그러나 운전과 주차구획 같은 시스템은 다수의 경험에 의해 만들어져 있다.

만삭의 임신부가 자리에 앉아서 안전띠를 매고 운전할 때 느끼는 불편함, 주차 후 문을 열고 나올 때 느끼는 불편함, 급히 끼어드는 차들과 성난 경적 소리에 놀라 배가 뭉치는 불편함 등.

이 불편함은 나만 안다. 혹은 나와 같은 임신부만이 알고, 매일 출퇴근을 하는 임신부만이 안다. 나는 이 불편함이 임신부가 감수해야 하는 불편함이라고 생각했다.

개인의 문제니까.

출퇴근하겠다는 것도 내 의지, 차를 운전하겠다는 것도 내 선택이니.

하지만 지나고 보니 '정말 그런 게 맞는가' 하는 생각이 든다.

모든 직장인의 출퇴근은 필연이고, 대중교통 이용이 힘든 경우 직접 자가용 운전을 하는 것도 필연적 선택이다. 하지만 출퇴근길에 이전과 같은 선택을 함에도 불구하고 임신하기 전과 후에 느끼는 불편함의 강도가 다르다면 그 자체로 임신부에 대한 차별일 수도 있겠다는 생각이 든다. 애초에 주차 공간이나 운전 문화가 다양한 신체적 조건을 전제해서 조성됐다면 어땠을까.

모두가 임신부가 되진 않지만, 누구나 우리 사회의 약자나 소수가 될 수 있다. 비좁은 공간, 비좁은 마음에서 기인한 수많은 불편함들이 곧 나의 불편함도 될 수 있음을 기억하면 좋겠다.
당장 나부터 이 글을 쓰기 전까지 또다시 잊고 있었던 불편함들이다. 더 이상 내 일이 아니기에 잊은 불편함.

글을 쓰며 다시 생각을 고쳐먹는다.
임신부와 같은 누군가의 불편함이 당연한 결과로 여겨지지 않기를.
다음 세대에게 "우리 때는 더했어, 원래 그런 거야"라고 말하는 정말 멋없고, 무책임한 기성세대가 되지 않기를 바란다.

모성을 보호합니다(제도편)

'나'를 지켜낼 수 있는 기본수단

법과 제도는 임신과 출산의 과정을 겪으며 직장에서 '나'를 지켜낼 수 있는 기본수단이다. 배부른 상태에서, 또는 신생아가 옆에 있는 상태에서 고용노동부사이트에 들어가고 회사 규정집을 보는 건 쉽지 않다. 부디 도움이 되기를 바라며, 이번 장에선 모성보호 관련 제도에 대해 정리해보았다.

📄 STEP 01 **모성보호시간**

· 기간 : 임신 12주 전 또는 32주 이후(공무원의 경우 임신 전 기간으로 개정)
· 대상 : 임신한 근로자
· 내용 : 1일 2시간 근로시간 단축(1일 최소 근무시간 4시간 이상 기준)
· 신청 : 회사 신청서 또는 기타 서류 준용

해설

현재 법적으로 보장된 12주와 32주는 사실 현실적이진 못하다.

임신 12주 이내에는 안정기가 아니므로 대외적으로 임신 사실을 공표하지 않는 경우가 많고, 32주 이후에는 출산전후휴가 등을 사용할 수 있기 때문. 하지만 보수적이었던 나때와 달리 요즘 후배들은 임신 12주 이내(임신확인서 발급 이후)에도 모성보호시간을 적극적으로 활용하고 있다. 산부인과에서는 보통 4~5주 차가 되면 임신확인서를 발급해주니 이를 첨부하여 꼭 모성보호시간을 신청하자.

출산전후휴가

· 기간 : 출산 전후 90일(다태아는 120일/미숙아는 100일), 최초 60일(다태
　　　　아는 75일) 유급휴가(이 중 45일은 출산 후 사용한다. 분할사용은 불
　　　　가한데 유·사산 확률이 높은 경우 등은 분할 사용이 가능하다.)
· 금액 : 통상임금의 100% 지급(급여상한액 월 210만 원/상한액은 매년 고시)
· 신청 : 〈고용보험〉 온라인/모바일사이트(매달 신청)

해설
Tips

출산휴가를 언제 들어갈지 고민하는 경우가 많은데

나의 경우 3월 보름쯤 출산예정으로 2월에 휴가를 들어갔다. 하지만 엄밀히
말하자면 나의 해당연도 연차를 모두 소진하고 나서 출산휴가를 이어 쓴 것
이므로 실제로는 3월부터 6월까지 90일을 출산전후휴가로 신청했다. 즉, 본
인이 출산 연도에 직장을 다니고 있다면 해당 연도의 연차를 모두 소진하고
이후부터 출산휴가를 신청할 것! 물론 사전에 소속부서장과 인사부서장에게
일정을 고지하자.

육아휴직

· 대상 : 임신근로자, 만 8세 이하(초등학교 2학년 이하)의 자녀를 둔 근로자
· 기간 : (법)1자녀당 최대 1년. (회사)사규에 따라 다름(공무원 최대 3년)
　　　*부모 모두 3개월 이상 사용 또는 한부모 또는 중증 장애아동부모 최대 1년
　　　6개월
· 금액 : 1년간 통상임금의 80%(월 최대 250만 원)
　　*6+6 부모육아휴직제 : 생후 18개월 이내 자녀에 대해 부모가 모두 육아휴
　　　　　　　　　　　직을 하면, 각각 첫 6개월 급여 통상임금의 100%(상
　　　　　　　　　　　한 450만 원)
· 신청 : 〈고용보험〉 온라인/모바일사이트

해설
Tips

육아휴직은 다른 휴직과 달리 휴직상태를 '근로상태'로 보므로

육아휴직을 들어가는 해당연도의 연차를 모두 소진하고 육아휴직 기간을 계
산할 것. 또한 만약 다음 해까지 휴직이 이어질 경우 다음 해의 연차도 사용할
수 있으므로 휴직기간에 추가하거나, 복직 후 쓸 것을 남겨두면 된다.

정부24 사이트

https://www.gov.kr/portal/onestopSvc/fertility

· 원스톱 서비스(맘 편한 임신 서비스) : 엽산제, 철분제 지원, SRT 임산부 할인, 임신출산 진료비 지원 (국민행복카드) 등
· 난임부부 시술비 지원 : 난임부부 시술비 지원 서비스 신청, 난임부부 상담서비스 등

임신육아종합포털 〈아이사랑〉

https://www.childcare.go.kr

· 어린이집 입소 대기 신청
· 어린이집, 유치원 정보 비교
· 어린이집 이용 불편신고 시간제 보육신청
· 어린이집 보육료 결제 등

복지로

www.bokjiro.go.kr

· 생애주기 맞춤형 복지서비스 : 임신, 출산, 영유아 돌봄 등 상황에 맞는 맞춤형 서비스 검색 가능

저출산고령사회위원회

https://blog.naver.com/futurehope2017

· 최신 개정사항 등을 정리 : 댓글을 통한 답변 피드백도 빠른 편이니 적극적으로 활용해보자.

고용24

https://www.work24.go.kr

· 육아휴직, 출산전후휴가 신청과 다양한 정보 검색가능

세부항목	근거법	법조항
18세 미만 근로자와 임산부의 야간, 휴일 근로제한	근로기준법	제70조 (야간근로와 휴일근로의 제한)
임산부 근로 보호	근로기준법	제74조 (임산부의 보호)
임신기간 중 근로시간 단축 및 임신기 근무시간 변경	근로기준법	제74조 (임산부의 보호)
육아휴직	남녀고용평등과 일·가정 양립 지원에 관한 법률	제19조 (육아휴직)
		제19조의4 (육아휴직과 육아기 근로시간 단축의 사용 형태)

관련 법 규정 내용

② 사용자는 임산부와 18세 미만자를 오후 10시부터 오전 6시까지의 시간 및 휴일에 근로시키지 못한다. 다만, 18세 미만자 및 산후 1년이 지나지 아니한 여성의 동의가 있는 경우, 임신 중의 여성이 명시적으로 청구하는 경우에 고용노동부장관의 인가를 받아 야간과 휴일에 근로하게 할 수 있다.

① 사용자는 임신 중인 여성에게 출산 전과 출산 후를 통하여 90일(한 번에 둘 이상 자녀를 임신한 경우에는 120일)의 출산전후휴가를 주어야 한다. 이 경우 휴가 기간의 배정은 출산 후에 45일(한 번에 둘 이상 자녀를 임신한 경우에는 60일) 이상이 되어야 한다.

② 사용자는 임신 중인 여성 근로자가 유산의 경험 등 대통령령으로 정하는 사유로 제1항의 휴가를 청구하는 경우 출산 전 어느 때라도 휴가를 나누어 사용할 수 있도록 하여야 한다.

③ 사용자는 임신 중인 여성이 유산 또는 사산한 경우로서 그 근로자가 청구하면 대통령령으로 정하는 바에 따라 유산·사산 휴가를 주어야 한다. 다만, 인공 임신중절 수술에 따른 유산의 경우는 그러하지 아니하다.

④ 제1항부터 제3항까지의 규정에 따른 휴가 중 최초 60일은 유급으로 한다.

⑤ 사용자는 임신 중의 여성 근로자에게 시간외근로를 하게 하여서는 아니 되며, 그 근로자의 요구가 있는 경우에는 쉬운 종류의 근로로 전환하여야 한다.

⑦ 사용자는 임신 후 12주 이내 또는 32주 이후에 있는 여성 근로자가 1일 2시간의 근로시간 단축을 신청하는 경우 이를 허용하여야 한다. 다만, 1일 근로시간이 8시간 미만인 근로자에 대하여는 1일 근로시간이 6시간이 되도록 근로시간 단축을 허용할 수 있다.

⑧ 사용자는 제7항에 따른 근로시간 단축을 이유로 해당 근로자의 임금을 삭감하여서는 아니 된다.

⑨ 사용자는 임신 중인 여성 근로자가 1일 소정.근로시간을 유지하면서 업무의 시작 및 종료 시각의 변경을 신청하는 경우 이를 허용하여야 한다. 다만, 정상적인 사업 운영에 중대한 지장을 초래하는 경우 등 대통령령으로 정하는 경우에는 그러하지 아니하다.

⑩ 제7항에 따른 근로시간 단축의 신청방법 및 절차, 제9항에 따른 업무의 시작 및 종료 시각 변경의 신청방법 및 절차 등에 관하여 필요한 사항은 대통령령으로 정한다.

① 사업주는 임신 중인 여성 근로자가 모성을 보호하거나 근로자가 만 8세 이하 또는 초등학교 2학년 이하의 자녀를 양육하기 위하여 휴직을 신청하는 경우에 이를 허용하여야 한다. 다만, 대통령령으로 정하는 경우에는 그러하지 아니하다.

② 육아휴직의 기간은 1년 이내로 한다(부모 모두 3개월 이상 사용/한부모/중증장애아동부모 시 1년 6개월).

③ 사업주는 육아휴직을 이유로 해고나 그 밖의 불리한 처우를 하여서는 아니 되며, 육아휴직 기간에는 그 근로자를 해고하지 못한다. 다만, 사업을 계속할 수 없는 경우에는 그러하지 아니하다.

④ 사업주는 육아휴직을 마친 후에는 휴직 전과 같은 업무 또는 같은 수준의 임금을 지급하는 직무에 복귀시켜야 한다. 또한 제2항의 육아휴직 기간은 근속기간에 포함한다.

⑤ 기간제근로자 또는 파견근로자의 육아휴직 기간은 「기간제 및 단시간근로자 보호 등에 관한 법률」 제4조에 따른 사용기간 또는 「파견근로자 보호 등에 관한 법률」 제6조에 따른 근로자파견기간에서 제외한다.

① 근로자는 육아휴직을 3회에 한정하여 나누어 사용할 수 있다. 이 경우 임신 중인 여성 근로자가 모성보호를 위하여 육아휴직을 사용한 횟수는 육아휴직을 나누어 사용한 횟수에 포함하지 아니한다.

chapter 02

육아 전업맘입니다

새벽 4시, 미저리 모닝
마의 새벽 4시 기상

나는 오전 8시에 출근해서 오후 5시쯤 퇴근했고, 남편은 오전 6시 30분에 출근해서 저녁 8~9시 사이에 퇴근했다.

둘 다 상대적으로 일찍 하루를 시작한다. 나는 '자발적'으로 저녁이 있는 삶을 원했기에, 아기를 낳기 전까진 이른 출퇴근에 만족했다 (남편은 직장이 멀어 어쩔 수 없었지만).

그리고 아이가 태어나고 1년 동안 나는(새벽수유 기간을 빼고는) 여전히 저녁이 있는 삶을 보장받았다.

대신, 새벽이 있는 삶을 박탈당했다.

나는 새벽 4시~4시 30분에 '비자발적'으로 하루를 시작했다.

출산 후 24개월 가까이.

부지런하기로는 엄마보다 청출어람인 우리 집 아기는 늘 해가 뜨기 전에 일어났다.

동이 터야 아침이라는 둥, 엄마는 너무 피곤하다는 둥, 좀만 더 자자는 둥의 대화가 통할 리 만무했다. 그러나 아이가 이야기를 듣든 안 듣든, 말귀를 알아듣든 그렇지 않든 나는 매일 새벽 이러한 하소연에 가까운 말들을 쏟아냈다. 그리고 눈을 반쯤 뜬 상태로 아기 밥을 먹이고, 엉덩이를 씻기고, 말이 통하지 않는 아기와 놀아줬다. 그렇게 해야 할 일을 하고, 시계를 봐도 아직 오전 7시도 안 됐을 때는 정말 소름이 돋았다.

마의 새벽 4시 기상.

내가 전날 아무리 부지런히 움직여도 최소 밤 11시는 되어야 잘 수 있었고, 아기가 통잠을 자는 것도 아니기에 잤다 깼다를 반복했다. 당시는 매일 평균 5시간 정도 잤던 것 같다.

결국 나는 미치기 일보 직전으로 아기에게 짜증을 있는 대로 내면서 하루를 시작하기에 이르렀다.

우리 집 아기가 도대체 왜 이러는지 컨설팅, 육아 카페 등 타는 목마름으로 열심히 알아봤다. 당장 적용할 수 있는 방법은 두 가지 정도가 있었는데, 첫 번째가 '늦게 재우면 늦게 일어난다'였다. 그래서 나는 12시간이 넘어가는 고강도의 육아를 버티고 버티며 아기를 늦게 재워봤다. 하지만 일어나는 시간이 늦어지는 일은 많지 않았다. 현재 네 돌이 지난 아들은 여전히 한결같다. 아침 7시 이후에 깨는 일은 일 년에 다섯 손가락 안에 꼽을 정도다.

두 번째 방법은 원래 일어나는 기상시간 전에 일부러 살짝 깨웠다 다시 재우기다. 즉, 새벽 3시에 알람을 맞춰놓고 아기를 살짝 깨웠다가 다시 재우라는 건데, 각성을 통해 수면 리듬이 재정립된다는 아직도 잘 이해가 안 되는 신비로운 방법이다. 몇 번 해봤는데 일단 내가 3시에 일어나는 일 자체가 무리였고, 심지어 아기가 이때 아예 깨버리면 그야말로 환장하는 일이었다.

1년, 2년, 새벽에 나 홀로 고군분투하던 시간이 지나면서 차츰 수긍의 단계로 넘어갔다.

> **"**
> 아, 내 아기는 그 유명하다는 새벽형 아기구나 하고
> 받아들이기 시작했다.
> 샛별처럼 일어나, 큰일을 해내려고 하루를 일찍 시작하는구나
> 하고 정신승리의 길로 들어선 것이다.
> **"**

물론 여전히 동트기 전에 내 몸을 억지로 일으키는 건 괴롭다.

특히나 해가 늦게 뜨는 겨울엔 여전히 미간에 내 천(川) 자를 깊게 새긴 채 일어난다. (정말 기상 직후 거울을 보면 내 미간에는 내 천(川)자가 문신처럼 박혀있다. 최근엔 진지하게 미간 보톡스를 고민 중이다.)

물론 모든 일에 나쁜 점만 있지 않듯, 새벽형 아기와의 삶에도 장점이 있다. 아이가 저녁 8~9시쯤 취침하면, 나는 설거지와 빨래를 마무리하고 내 시간을 가졌다.

내가 글을 쓸 수 있었던 것도 저녁이 있는 삶 덕분이었다.

그리고 버티고 또 버티다 보니 지금(만 3세)은 최소한 6시는 넘어서 일어난다는 점.

역시 육아는 긍정의 '존버' 다.

해설
Tips

아기의 수면리듬

아기들은 새벽 시간으로 갈수록 REM 수면(깨어있는 것에 가까운 얕은 수면) 이 늘어난다. 특히 새벽 4시 전후가 REM 수면의 절정기다. 그만큼 쉽게 각 성되어 깰 수 있다는 뜻. 새벽 4시에 반복적으로 깨는 아이는 암막 커튼, 소음 제거 등의 방법으로 1차 관리를 해주고 온도나 습도가 계절이나 아이 체온에 맞게 조절되고 있는지를 확인한다. 그리고 깨더라도 1~5분 정도는 못 들은 체하여 스스로 잠들 수 있는 기회를 주는 게 좋다.

이런 1차 대응 이후에도 소위 종달 기상이라 불리는 새벽 기상이 지속되면, 모든 일정을 조금씩 늦춰 잠을 늦게 재우는 방법이 있다. 이 역시 일주일 이상 지속적으로 해봐야 하는데 그럼에도 불구하고 해결되지 않을 수도 있다. 이 처럼 다양한 방법들을 찾아보면 되는데, 내 경우 아주 지속적으로 하기도 힘 들었고 결론적으론 일찍 잘 때 더 잘 오래 잤으므로 그냥 일찍 자고 일찍 일어 나는 아이의 생체리듬을 인정하고 하루를 운영하는 쪽으로 가닥을 잡았다.

애가 일찍 자든 늦게 자든, 일찍 일어나든 늦게 일어나든 모든 케이스엔 결국 다 일장일단이 있다. 여기에 일희일비한 지난 세월을 돌이켜볼 때, 초보 엄마 라 어쩔 수 없었겠지만 참 부질없는 짓이었다는 생각이 든다. 결국 그 시간의 행복과 안녕은 엄마의 마음 시계에 있음을 잊지 않길 바란다. 아이의 수면 패 턴은 아이의 잘못도 엄마의 잘못도 아니다. 내가 만약 1~2년 전으로 돌아간 다면 그때의 나에게 이렇게 말하고 싶다.

"아이의 기상 시간, 취침 시간보다는 엄마가 어떤 마음으로 아이와 함께 하루 를 시작하고, 하루를 마무리하는지가 더욱 중요해. 굿모닝과 굿나이트는 시 간이 아닌 마음에 달렸으니, 너무 조급해하지 마. 아이의 잠은 아이의 것이니, 엄마가 신이라도 된 듯 조율하려 하지 마. 그래봤자 너만 피곤하다."

수면 컨설팅 받는 엄마
육아가 힘든 것은 '불확실성' 때문이다

나는 내가 세운 계획에 따라 속도와 방향을 잘 조절하는 사람이었다. 학창 시절이나 직장에서도 일정대로 결과를 만드는 게 어렵지 않았다. 대부분의 경우 계획하고 노력한 만큼 성과를 냈고, 주변 상황이나 다른 사람들의 말에 크게 동요하지 않는 편이었다.

무엇보다도 나는 나를 잘 이해하고 있었다.
내가 언제, 어디서, 무엇을 할 때 행복함을 느끼는지 알았고 또 반대로 어떤 상황에 취약한지도 대략 인지하고 있었다.

예를 들어 저녁보단 아침에 기운이 높고, 술자리보단 커피자리가 맘 편하고, 숨 차는 운동보단 숨 고르는 운동을 할 때 행복한 사람이다.

반대로 내가 통제할 수 없는 상황, 내 주관과 목적의식 없이 무언가를 해야 하는 상황에서는 스트레스를 많이 받았다. 그래서 나는 육아가 힘들 수밖에 없다.(육아가 쉬운 사람이 있을까?)

육아는 내가 통제할 수 있는 게 거의 없다. 애초에 통제를 하겠다는 생각을 가지면 안 되는데 요즘은 육아에 관한 정보가 넘쳐나고 육아 컨설팅 등이 활성화돼서 엄마가 계획을 세우는 대로 육아가 될 것 같은 시대다.

반대로 보자면, 육아를 못하면 엄마 탓인 것만 같은 시대이다.

그리고 어린아이들에 대해서는 월령별 권장 수면시간, 권장 수유량, 권장 간식 횟수, 권장 칼로리 등 권장 패키지들이 많다. 권장은 말 그대로 '표준'이자 '지침'이기 때문에 첫아이를 낳은 엄마들에게 있어 권장 기준은 절대적이다.

우리 아기가 여기에 좀 부족하거나 넘치면 큰일 날 것 같은 마음이 든다. 나는 육아 초창기에 분유량이 10ml만 초과되거나 부족해도 사달이 나는 줄 알았다.

특히 육아에서 가장 힘든 건 잠이었다.

권장 수면시간이 1시간만 모자라도 당장에 안절부절하지못했다. 아기가 잠들 수 있는 환경을 조성하는 것부터 낮잠 시간 조정, 잠과 잠

사이의 수면 텀 ᵗᵉʳᵐ 조절, 낮잠 변환기(낮잠 횟수가 줄어드는 시기)나 돌부리 시기(이앓이, 분리불안, 자다가 걷고 서는 등의 변화의 시기)에 따른 육아 대응법을 정독했다. 여기에 맞춰 엄마가 재빠르게 대응해줘야 아기가 '먹놀잠(먹고 놀고 자고)' 패턴을 잘 찾는다고 한다.

그러나 이런 '책으로 배운 육아'의 맹점은 책대로 안 되면 좌절하고, 아이의 먹놀잠이 엄마의 하루 성적표인 것처럼 느껴진다는 것이다. 엄마도 엄마가 처음인지라, 혹시나 내가 제대로 못 재워서 애가 피곤하면 어떡하나, 제대로 못 먹여서 안 크면 어떡하나, 제대로 못 놀아줘서 성격이 이상해지면 어떡하나 등 별의별 걱정을, 끊임없이, 자나 깨나 한다.

그러다 제풀에 지치고 심지어 엄마의 야심찬 계획대로 되지 않을 땐 애한테 짜증도 낸다.

나는 대표적으로 아기잠에 있어 맹목적이었던 초보맘으로서 '수면 컨설팅'을 받았다. 그것도 두 번이나. 아니, 정확히는 세 번이나. 꼭 도움이 됐다고 볼 수는 없지만 혹시나 나 같은 엄마들의 시행착오를 줄여드리기 위해 뒤에 그 내용을 간략히 소개해뒀다.

생각해보면 아기는 나와 독립된 인격체이기에 계획대로 되지 않는 게 당연하다. 그럼에도 엄마들은 육아 정보의 홍수 속에서 정보를 낚고 낚아 나만의 그물을 만들며 권장이라는 이정표를 따라간다.

나같이 통제 가능한 상황에서 안정을 느끼고, 원인과 결과에 따라 성과를 내야 직성이 풀리는 엄마들은 더욱 그렇다. 그러다 보니 아이가 아닌 권장표만 쳐다보게 되고, 아기의 컨디션보다는 정해둔 시간과 양만 맞추는 실수를 한다. 그러니 최대한 마음을 비우고, 머리를 비우고, 아이를 보려는 노력을 해야 한다.

물론 답답하고 힘든 엄마들은 수면 컨설팅 서비스 등을 통해 도움을 받을 수도 있으니 한 번쯤 시도해 보는 것도 나쁘지 않다. 다만 뭐든 정답을 정해두고 맹목적으로 믿지만 않으면 된다.

권장의 이정표는 한쪽 눈으로만 보고, 육아 고수들의 이야기는 한쪽 귀로만 듣자. 당시 내가 매일 다짐한 문구를 소개하며, 이번 장을 마무리해보려 한다.

> **"**
> 오늘 비록 덜 먹고, 덜 자도 괜찮다.
> 아이는 밥만 먹고 크는 게 아니다. 아이는 사랑을 먹고 자란다.
> 내가 할 수 있는 유일한 일은 아이를 사랑하는 일이다.
> **"**

수면 컨설팅 서비스

(나는 '알*'이라는 컨설팅 서비스 하나만 받아보았기에
다른 서비스 업체는 조금 다를 수도 있다.)

컨설팅의 내용

1. 아기 맞춤형 시간표를 짜준다.
2. 엄마가 작성한 아기의 패턴을 분석해준다.
3. 이러한 자료를 토대로 전화 상담 1회를 해준다.
4. 해당 서비스 전용 앱을 통해 상세질문 1회, 답변 1회를 받는다.

실제로 이 서비스 컨설팅이 내세우는 후기는 가히 놀랍다. 하루 8시간, 7회 쪽잠을 자던 아이가 하루 13시간, 낮잠 2회, 통잠까지 이뤄냈다고 한다.

아이의 수면이 힘든 대표적인 원인으로는 수유량, 수면시간, 횟수, 습관, 퍼버법의 실패 등이 꼽힌다. 놀랍게도 아기의 잠은 '과학'이기 때문이다. 실제로 아기의 수면 패턴을 분석한 이론이 있는데, 이러한 이론을 활용한 컨설팅 서비스다. 비용은 대략 4만 원 정도이다(간단한 컨설팅 서비스의 경우).

또한 이 서비스와 소아과를 연계한 전문의 수면 상담도 있다. 나도 소아과를 가는 김에 서비스를 신청해 받아봤다. 역시나 수면 습관이나 하루 일정을 엄마가 적어가면, 이를 토대로 아기수면 진단지가 나오고 전문의와의 대면상담 1회가 이뤄진다. 아이의 키와 몸무게는 적당한지, 월령에 맞는 권장 수면 상황은 어떠한지, 수유와 이유식 그래프, 현재 문제점과 솔루션, 권장시간표, 담당 의사 최종 소견을 받는다.

요금은 8만 원이다. 물론 요금과 서비스 내용은 다소 다를 수 있다.

365일 삼시세끼를 차리는 일
37년 만에 요리의 세계에 입문

나는 결혼 전 2년 정도를 혼자 살았는데, 그동안 '밥솥'을 구비하지 않았다.

어차피 저녁만 집에서 밥을 먹을 테고 그마저도 약속, 야근 등으로 집에서 먹지 않을 때를 생각하면 굳이 밥을 해두고 먹을 필요를 느끼지 못했기 때문이다. 이 때문에 햇반을 쌓아두고 먹었고, 반찬은 마트에서 만 원에 3~4개짜리를 사 먹었다. 참치나 달걀, 닭가슴살, 다이어트 도시락 등 다양한 먹거리가 있었기에 요리의 필요성을 느끼지 못했다. 그래서 내가 할 줄 아는 요리는 달걀 프라이, 라면, 토스트 정도가 다였다. 재료를 손질하거나 육수가 필요하거나 간을 맞춰야 할 필요가 없는 조리 수준의 음식만 만들 수 있었다.

그런데 인생 37년 만에 요리의 세계에 입문했다. 사실 누가 보면 코웃음 칠 일이다.

내겐 이유식이 요리의 시작이었다.

나는 일단 조리법이 없거나 정확한 계량 없는 요리를 할 줄 모른다. 그래서 이유식 책에 나온 방법 그대로 요리하지 않으면 못 먹을 음식이 나올 것만 같은 두려움이 있었다. 조리 방법뿐만이 아니다. 조리 도구도 그대로, 용량도 그대로 하지 않으면 사탄의 음식이 나올 것 같았다. 그리고 그대로 했는데도, 책에 있는 대로 음식이 나오지 않을 때면 스트레스를 받았다.

내가 먹는 음식이거나 남편이 먹는(미안) 음식이었으면 이렇게 신경 쓰지도 않았을 텐데. 소화 기능도 약하고, 치아도 없고, 유동식이 아닌 고형식의 곡식을 처음 먹어보는 6개월짜리 아기가 먹을 음식이니 하나부터 열까지 신경이 쓰였다.

사실 나는 음식 재료의 손질 자체를 처음 해봤다. 호박은 그냥 호박 수프만 먹어봤고, 시금치는 반찬가게에 담겨있는 무침만 먹어봤으며, 애호박 껍질을 까는 칼 자체도 가지고 있지 않았다. 아니 도마는 있었던가. 기억이 안 난다. 아무튼 간이 돼 있는 성인식을 먹지 못하는 아이를 위해 원재료인 시금치를 데치고, 애호박의 껍질을 벗기고, 단호박을 찌고 하는 과정을 겪으며 요리는 재료 손질이 8할이라는 걸 깨달았다. 특히나 초기 이유식은 쌀알 자체를 체에 걸러 줘야 해서 여간 손이 많이 가는 게 아니었다.

초기, 중기, 후기 이유식으로 넘어가면서 하루에 몇 g의 고기, 한 끼에 몇 g의 야채, 그에 따른 물의 양 등을 맞추어야 하는데 애가 헛구역질이라도 하면 내가 뭔갈 잘못 만든 건 아닌지, 애가 똥을 안 싸면 내가 물을 잘못 맞춘 건 아닌지 등 오만 생각이 들었다.

당시 나는 중력을 거스르며 살고 있는 것 같았다.
그만큼 본래 내가 살던 삶의 방식과는 아주 반대되는 방향의 삶을 사는 느낌이었다. 어쩌면 삼시세끼를 차리는 일은 정말 그렇다. 귀찮은 과정을 피하고 편한 결과만을 택하려 하는 삶의 중력을 거스르는 일이다. 이 얼마나 위대한 일인가.

물론 이유식 후기쯤엔 요령이 생기고 세상과 타협하여 야채는 애초에 큐브로 얼려 나오는 것을 샀다. 소고기도 다짐육을 사고 육수도 티백을 썼다. 지금도 계량을 하기는 하지만, 이전만큼 야단법석을 떨진 않는다.

아이가 성장하는 만큼, 엄마도 성장한다는 말. 정말 요리에서만큼은 내게 꼭 맞는 말이다. 그렇게 중력을 거스르다 보니 어느 순간 나는 무려 아침밥도 하는 엄마가 돼 있다.

또다시 말하지만, 물론 아이에게 다양한 영양소의 질 좋은 음식을 주는 것도 중요하다. 하지만 함께 먹는 엄마의 표정과 말이 아이에겐 더욱 중요한 영양소다. 참고로 나는 분유에 시판 이유식만 먹었고, 커서도 집밥보단 외식을 즐겨 했지만 여성 평균 키를 웃도는 성장을 했다. 두뇌 성장도 소위 명문대를 갈 수준으로 이어졌으니, 너무 걱정하지 말자.

요리 못하는 엄마들, 혹시 나처럼 중력을 거스를 정도의 스트레스를 느끼고 있지는 않은가? 그럴 땐 집밥 엄마 콤플렉스에 빠져있는 게 아닌지 점검하자. 모든 엄마가 음식을 잘할 순 없고, 잘할 필요도 없다. 각자에겐 자기만의 장점이 있는데 그게 모두 요리일 수는 없지 않은가.

스트레스는 만병의 근원이다. 육아를 할 때의 가장 큰 독도 다름 아닌 스트레스라는 사실을 잊지 말자.

육아 인스타그램의 늪
육아 그램의 세계는 무궁무진하다

나도 인스타그램을 한다(아니, 했다).

다른 사람들이 궁금하고, 특히 육아라는 미지의 세계에 입문한 후로는 나처럼 아이를 키우는 엄마들의 모습이 궁금했다. 한두 번 보다 보니 어느새 나의 피드는 온통 '육아' 이야기로 가득했다.

육아 그램의 세계는 무궁무진하다.

이유식에서부터 유아식, 일반식 조리법이 기하급수적으로 뜬다. 이렇게 우리나라에 요리 잘하는 사람들이 많았나 싶을 정도로 육아요리그램의 세계는 경이롭다. 집에서 손수 아이 전용 간장과 잼을 만들며 피자도 아이와 함께 만들어 먹고 예쁜 그릇에 레스토랑 비주얼로 차려낸 아이의 밥상 사진을 볼 때면 스테인리스 식판에 덩그러니 반찬과 밥이 차려진 내 아이의 밥상이 초라하게 느껴진다.

아기 음식 조리법 피드를 보다 보면 아이의 식습관 십계명 등으로 이어지는데, 아이의 식습관은 결국 아이의 자립심과 자존감의 문제로 이어지며 '밥상머리 습관은 평생 간다'로 결론 난다. 그리고 이때 오고 가는 가족 간의 대화가 아이의 인격을 좌지우지한다는 내용으로까지 이어진다.
그러다 보면 훈육그램(훈육과 관련된 인스타그램)도 내 피드의 한 축을 담당한다.

생각보다 육아와 훈육에 관한 도서가 많고, 뼈 때리는 문구들은 모두 헤드라인 20 이상으로 편집된다. 눈에 확 들어오고, 심장에 펀치를 때리는 말들을 볼 때면 그때부터 자기반성에 돌입한다. 오전에 아이에게 짜증 낸 나 자신이 짜증 나고, 결심했다가 지키지 못한 다짐을 떠올리며 후회한다.
저 책은 꼭 읽어봐야지 하며 캡처해 놨다가 읽지 못한 책이 수십 권이라는 사실을 깨달을 때면 더 없이 좌절하게 된다.

인스타그램은 자존감을 떨어뜨리는 덫이라지만, 육아 그램이나 훈육 그램은 엄마의 자존감을 떨어뜨릴 뿐 아니라 개인의 정체성에도 혼란을 준다. 내가 아이를 키우면서 가장 혼란을 겪은 말이 몇 가지 있는데, 그 중 하나는 '친무'.

이는 '친절한 무시'의 축약어로써 아이가 엄마를 찾거나 갑자기 울어도 CCTV 등을 통해 살펴본 후 위험한 상황이 아니라면 '친_절하게 무_시하라'는 의미다. 그래야 아이가 나쁜 버릇이 안 들고 스스로 좋은 습관을 갖게 되기 때문이란다.

또 하나의 단어는 '다정하지만 단호하게'다. 아이에게는 언제나 다정함을 탑재하고 대해야 하지만, 훈육이 필요한 순간에는 이 다정함을 잃지 않되 단호해야 한다는 말. 나는 이 단어를 듣고 비행기 내 승무원들을 떠올렸다. 웃고 있지만 사실은 웃지 않는 말들. 그걸 내 아이에게 해야 한다니! 나는 단호하게는 되지만 동시에 다정한 눈빛을 발사하지는 못하는 사람이었다.

눈으로는 웃는데 입으로는 어떻게 단호한 말을 내뱉는 걸까?
사실 잘 모르겠다.
나는 보통 정색을 하게 되던데 아마도 훈련이 필요한 듯싶다.

아무튼 육아 그램이란 이런 세계다.

동공에 지진 나고, 정체성에 혼란이 오고, 언어능력에 마비가 오는 세계.

'단호하지만 다정하고, 친절하지만 무시하라!' 는 심오한 이야기를 들으며 내 정체성은 인생 최고의 위기를 겪는다. 그럼에도 불구하고 화려하게 치장된 육아 그램 피드를 손가락으로 넘기고 '좋아요' 하고 있는 나!(또 고백한다. 공구의 세계에도 엄청 참여했다.)

그래서 나는 최근 나의 정신건강, 재정건강을 위해 인스타그램을 '삭제' 했다. 내가 육아를 하려는 건지, 육아 그램을 하려는 건지 모르겠어서.

나는 원래가 다정한 여자가 아니지만 내 아이에게는 다정하다.

하지만 24시간 매일 다정할 수는 결코 없다.

그러나 육아 그램엔 24시간 매일 다정한 엄마들만 나오고 24시간 매일 단호하되 다정해야 한다는 훈육 문구들이 대문짝만하게 뜬다.

이게 바로 내가 생각하는 육아 그램의 덫이다.

내가 '좋아요' 할 대상은 다정하든 단호하든 오늘 내가 아이에게 한 말과 행동이다. 화려하든 초라하든 나는 내 아이에게 있어 최고의 엄마다.

그러니 오늘도 육아 그램의 덫에 빠져 자신의 자존감을 깎아 먹고 있는 누군가가 있다면, 과감히 제안한다.

당분간만이라도 인스타그램을 삭제해 보시길!

chapter 03

육아하는 직장인입니다

– 제도편 –

휴직할까, 복직할까
49대 51

아무리 생각해도 '묘수'가 없다고 생각할 때, 떠올리는 숫자들.

나는 결국 인생은, 49대 51의 싸움이라고 생각한다.
어떤 선택도 순도 100% 좋음만 있을 순 없고, '이것이 옳다'고 절대
적으로 말할 수 있는 선택도 없으니 말이다. 그 때문에 지금 나는
49%보다는 51%의 장점을 가진 옵션을 선택해야 한다.
이 2%의 차이가 선택을 결정한다.

내가 1년의 육아휴직을 마친 후 계획대로 복직을 할지, 육아휴직을
연장할지를 결정할 때도 마찬가지였다. 당시 육아휴직을 마치는 시
점은 2022년 5월로 아이는 생후 15개월쯤을 지나고 있었다.

보통 돌이 지나면 아이는 잘 걷는다. 좋고, 싫음의 기호가 생기고 엄마와 떨어지는 것에 대한 두려움, 분리불안을 겪는다. 이가 다 나지 않아서 완벽하진 않지만 이유식을 끝내고, 유아식을 먹기 시작하는 시기이다.

하지만 아이가 두 돌이 되기 전까진 여전히 잘 넘어진다. 좋고, 싫음을 말로 표현할 수는 없지만 여전히 엄마와 떨어지는 것에 대한 완강한 거부가 있다. 그리고 아이의 뇌는 언어발달과 공감능력이 싹트는 시기를 겪으며 폭풍 성장한다.

당시 복직을 앞두고 이런 점들을 일목요연하게 정리한 것은 아니다. 그때 나를 가장 힘들게 한 건 '아이'가 아니라 '나'였다. 돌이 지나고 일명 돌발진(돌 무렵 아이들이 한 번씩 크게 아픈 증상)을 겪은 일주일 후 온 가족이 코로나에 감염됐고, 한 달쯤 지났을 때는 아이가 후두염으로 3박 4일간 아동병원에 입원했다. 그쯤 되니 아이보다는 나 자신이 걱정이 되었다.
'이 모든 상황을 복직한 상태에서 겪어낼 자신이 있는가'라고 물었을 때 자신 있게 답을 할 수가 없었다. 그래서 고민했다.

법정육아휴직 1년까지만 소득의 일부를 보전받을 수 있기에 나머지 추가 휴직기간은 무급이었다.

고민이 됐다. 이건 엄중한 문제니까.

내 소득이 부재할 때, 우리집 가정 경제가 몇 개월까지 버틸 수 있을지 생각해봤다. 그리고 나의 추가적인 커리어의 공백이 다신 오지 않을 아이와의 6개월의 시간보다 더욱 중요한 가치를 지니고 있는지를 진지하게 생각해봤다.

커리어와 경제적 소득이 49라면, 아이의 심리적 안정과 엄마인 나의 스트레스를 줄이는 선택의 가치가 51이었다. 지금 아이와 함께 할 이 시간의 가치가 51, 다시 직장으로 돌아가 일하는 근무시간의 가치가 49였다.

결국 나는 휴직을 6개월 연장했다. 그 사이 아이는 조금 더 크고, 성장했으며 조금 더 천천히 자연스럽게 어린이집에 적응해갔다. 무엇보다 그 시간 동안 내 불안과 미련을 줄여나갔다. 그리고 아이가 어린이집 전일반(9~16시)에 완벽 적응한 후엔 한 달 정도 자유부인 시간도 누렸다. 그동안 복직 준비를 위해 운동도 하고 나름 책도 읽으며 관리를 했다.

나처럼 휴직과 복직 사이를 고민하는 엄마나 아빠가 있다면, 혹은 배우자가 있다면 어차피 어떤 선택도 완벽할 순 없으니 너무 걱정하지 말라고 말해주고 싶다.

무엇이 49이고 무엇이 51인지 스스로만이 아는 법이다.

그리고 2% 차이로 이긴 선택에 대해서는 미련도 후회도 덜하다. 그러니 너무 두려워 말기를. 모든 최악의 상황은 머릿속에서 일어나는 법이다. (경험자로서 굳이 한마디 덧붙이자면, 세상은 내 아이가 나를 기다리는 것만큼 내 복직을 기대하거나 기다리고 있진 않다.)

육아휴직 신청 및 연장

1. 회사에 정해진 '육아휴직 신청서' 양식을 확인 및 작성한 후 인사 담당자에게 제출한다.

2. 〈고용보험 24〉사이트를 통해 '육아휴직 급여 신청'을 한다(휴직개시일 1개월 이후부터 가능).

3. '육아휴직 연장'을 원할 경우 회사에 최소 한 달 전에 통보하고, 회사 담당자로부터 육아휴직 신청서를 받아 다시 제출한다.

4. 유급 육아휴직은 1년이며 그 이후 기간은 무급이다. 다만, 부모 모두 3개월 이상 사용 시 부모 각각 1년 6개월로 확대됐다.(만약, 복직 후 육아기 단축근무를 신청할 경우 사용하지 않은 육아휴직 기간의 2배만큼 단축근무 할 수 있으니 일과 가정의 양립 계획에 참고하자.)

복직준비 3종 세트
복직 이후는 스케줄 싸움

출근해서부터 퇴근 시간까지 특별한 일정이 없는 날이라면, 그날은 그야말로 운수 좋은 날이다.

만약 엄마가 풀타임 근로자(주 40시간)로서 아이를 어린이집에 보내고, 조부모님 등이 도와주지 않는 환경이라면 3가지 스케줄표 정도를 생각해볼 수 있다.

어린이집 선택하기

첫 번째 방법은, 아이를 어린이집에 보내는 것이다.

보통 어린이집을 신청할 때의 기준은 '국공립이나 시립' 어린이집을 보낼지, '가정' 어린이집을 보낼지에 따라 다르다. 국공립이나 시립 어린이집은 규모가 크고, 운영시간이 길다. 연장반의 경우 담당

보육교사가 별도로 있고, 연장반에 있는 아이의 수가 상대적으로 많다. 0~7세 반까지 운영하는데 가정어린이집에 비해 연령별 아이의 수나 반이 상대적으로 많다.

반면 가정어린이집은 '가정' 집을 어린이집으로 개조한 것이므로 상대적으로 규모가 작고, 인원수도 적다. 연장반을 운영할 수도 있고 하지 않을 수도 있는데 운영하더라도 연장반에 있는 아이의 수도 적다.

각각의 장단점이 분명히 존재한다. 나의 경우 가정어린이집을 보내지 않아서 객관적인 비교가 힘들지만, 주변의 사례를 들어보면 아이가 어릴 때는 너무 큰 규모보단 작은 규모에서 노는 것이 안정감 있고 밀착 케어에도 좋다고 한다.
그러나 국공립이나 시립, 가정어린이집 모두 1명의 보육교사가 담당하는 아이들 수가 정해져 있으므로 어디를 선택하든 1명의 교사가 케어하는 연령별 아이 수는 동일하다.

결국 부모의 선택이다.
대부분의 맞벌이 부부는 당연히 연장반을 운영하고, 우리 아이를 연장반에 보내도 눈치가 덜 보이는 국공립이나 시립 어린이집을 선호한다. 대신 그만큼 대기도 길다.

여기서 하나의 이슈가 등장한다. '입소대기'. 나도 아이를 낳기 전까지 몰랐는데, 어린이집별로 정원이 존재한다. 따라서 인기가 높은 어린이집의 경우 입소대기가 길다.

어린이집엔 입소우선순위 관련 규정이 있다.
1순위는 한 부모 가족, 차상위계층, 맞벌이, 다문화가족, 다자녀 가족의 자녀 등이다. 자세한 사항은 아이 돌봄 사이트 어린이집 입소대기 페이지에 들어가면 나와 있다.
우리 아이는 입소대기를 걸어뒀다가 가정어린이집에 일주일 정도 다녔는데, 운 좋게 대기를 걸어뒀던 시립어린이집에서 전화가 와 전원했다.

어린이집을 고르는 두 번째 기준은 집과의 거리다. 집에서 가까워야 계절, 날씨, 아이의 컨디션 등에 거의 영향을 받지 않고 안정적으로 등하원을 할 수 있다. 결국 집에서 가까우며 부모의 여건에 가장 적합한 운영 형태를 가진 어린이집을 찾아야 한다. 나의 경우 아파트 단지 내 시립어린이집이 최선의 선택이었는데, 지금도 매우 만족하며 보내고 있다.

어린이집을 골랐다면 이제 어린이집을 다닐 시간을 정해야 한다.

우리 아이 어린이집(시립) 기준으로, 정규반은 오전 9:00 ~ 오후 4:00 이고 통합반은 오전 7:30 ~ 9:00, 연장반은 오후 4:00 ~ 7:30이다. 그러니까 아이를 풀타임으로 보낸다면, 아이가 어린이집에 오전 7:30부터 오후 7:30분까지 있는 셈. 이때 어린이집 통합반은 모든 연령의 아이들이 말 그대로 한 반에 통합되는 시스템이다. 우리 아이가 다닌 어린이집의 경우 오후 4~5시엔 영/유아 별도 통합반이었다가 5시 이후부터 영유아 전체 통합반으로 변경된다. 그리고 오전 통합반 때는 기존 담임 선생님들이 주당 당직을 서고, 오후 통합반은 통합반 담당 선생님 한 분이 따로 계신다. 어린이집마다 운영방식이 다를 수 있으니 이 또한 사전에 확인해두면 편하다.

하지만 오전 7:30 ~ 오후 7:30이라는 최대 운영시간을 가진 어린이집에 아이를 보낸다고 하더라도, 엄마나 아빠의 출퇴근 시간이 30분이상 걸린다면 부모가 직접 아이의 등원과 하원을 하는 것 자체가 쉽지 않다.

무엇보다 아이도 엄마도 죽어나는 스케줄이다. 나는 짧은 기간 동안아이를 오전 8:00 ~ 오후 5:00까지 통합반(오전)과 연장반(오후)모두 보내고 직접 등하원도 해봤는데 스케줄상 한 치의 오차도 허용되지 않기 때문에 몸도 마음도 고되다.

어린이집 신청하기

아이 돌봄 서비스 사이트나 앱을 통해 신청할 수 있다. 연중 수시로 입소대기 등록은 할 수 있는데 보통 어린이집별로 2~3월에 신청을 받는 경우가 많다. 아이가 아직 어린이집에 다니지 않는 경우 최대 3개소에 신청할 수 있고, 재원 중에는 2개소까지 신청 가능하다.

입소대기 대상은 만 0세~5세이다.

지역별로 어린이집을 검색할 수 있는데 몇 군데 어린이집 후보를 고르고 난 후 직접 그 어린이집을 방문해보길 권한다. 모든 어린이집이 내부 방문이 허용되는 것은 아니지만 가급적 내부까지 들어가 보면 좋다. 우리 아이가 집보다 더 오래 머물 곳이기 때문이다. 그리고 신규 어린이집이 아니라면 여러 후기도 찾아볼 수 있다.

어린이집 연장반 신청하기

정규 시간 외에 어린이집을 이용하기 위해서는 '복지로' 사이트에서 연장반 신청을 해야 한다. 이때 필요한 자격조건과 증빙서류가 조금씩 다르니 행정복지센터나 복지로 사이트 등을 통해 사전에 확인하자.

나는 복직 후 임금근로자임을 증빙하는 재직증명서를 첨부해 신청했다.

이모님 구하기

두 번째 방법은, 등하원 도우미 선생님 구하기.

아이를 어린이집 기본 종일반(9~4시)에 보내고, 전후 타임을 맡아줄 도우미 선생님을 구할 수 있다. 도우미 선생님은 아이의 간식을 간단히 챙겨주고, 놀아주고, 등하원을 시키는 일을 해준다. 엄마가 어떻게 도우미 선생님과 계약을 맺느냐에 따라 차이는 있겠지만, 시급은 평균 13,000원 정도.

도우미 선생님을 구하는 통로는 크게 세 가지 정도가 있다.

하나는 정부에서 운영하는 '아이 돌봄' 서비스에 신청하는 방법이다. 그러나 연락이 안 온다. 수요는 많고 공급은 적어서 엄마가 도우미 선생님에게 간택을 받아야 하기 때문이다. 대신, 시급이 저렴하고 정부에서 도우미 교육을 받는다는 장점이 있다. 그러나 나 같은 경우 초반에 정부지원 도우미 선생님을 운 좋게 구했는데 도중에 이유도 없이 그만두셨다. 때문에 정부지원도우미라고 해서 무조건 추천하긴 어렵다.

두 번째 방법은 맘시터, 시터넷 등 사기업(?)의 서비스를 이용해볼 수 있다. 이용권을 구매하면 1~3달 정도 도우미들의 이력서를 보고 채팅을 한 후 면접을 볼 수 있다. 풀 pool 이 넓기 때문에 면접을 보기

쉬운데 공들여 면접을 보다 보면 좋은 도우미 선생님을 구할 수 있다. 나는 두 번째 도우미 선생님을 여기서 구했는데, 어린이집 교사 출신의 선생님으로 만족도가 높았다. 물론 도우미 선생님의 장기근속을 희망하며 내가 시세보다 시급을 높게 책정한 덕분도 있었다. 그러나 이분 역시 아쉽게도 5개월 만에 몸이 안 좋아지셔서 그만두셨다.

마지막으로 '맘카페'나 '맘톡방' 등으로 구하는 방법이다. 도우미 선생님은 근거리에 사는 분을 구하는 게 좋고, 추천을 받은 분이면 더 좋다. 거주지역의 맘카페나 아파트 단지 내 맘톡방 등에 가입돼 있으면 종종 도우미 선생님에 대한 정보가 올라온다. 이동 거리가 짧을수록 도우미 선생님도 엄마도 심리적 부담감을 줄일 수 있기 때문에 이 방법을 적극 추천한다.

나는 이 방법으로 세 번째 도우미 선생님의 면접을 봤다. 단지 내에서 다른 엄마의 추천을 받은 선생님을 고용했고, 어쩌다 보니 상황상 1달 정도밖에 함께 하지 못했지만 꽤 괜찮은 선택이었다. 그분이 어디 사시는지 알고, 같은 생활권에 있다는 것만으로도 안심보험 하나를 든 기분이기 때문.

누누이 강조하지만, 일하는 엄마들은 최대한 엄마 마음의 평화를 지키는 환경을 구축해 둘 필요가 있다.

육아기 근로시간 단축 신청하기

결론부터 말하자면 나는 입사 14년 만에 '자발적' 연봉 삭감을 선택하게 됐다.

1번 방법은 내 출퇴근 거리 때문에 현실적으로 불가능했고, 아무리 생각해도 2~3살짜리를 12시간 어린이집에 맡길 수가 없어 포기했다. 2번 방법은 도우미 선생님이 두 번이나 조기에 그만두시는 실패 등을 겪으며 도우미 선생님의 장기근속이 쉽지 않음을 체감했다.
결국 '육아기 근로시간 단축'이라는 선택지를 고르게 됐고, 다음과 같은 현실적 결과들을 받아들였다.

하나는 말 그대로 근무시간을 줄임으로써 근무에 대한 대가, 월급이 줄어든다. 나의 단축근무 시간과 산식에 따라 금액이 줄어드는데, 일정 부분은 정부가 보전해준다. 나는 1년여 동안 하루 2~3시간의 근무시간을 줄였다. 그러면 월급이 얼마나 줄까.

연봉에 따라 차이가 있겠지만, 나의 경우 약 80~100만 원 정도의 월급이 삭감됐다.

'헉' 소리 나는 거, 맞다. 그런데 다행히 정부보전금이 있다. 육아기 단축근무에 대한 정부지원은 '후불제'인데 회사가 육아기 단축근무 확인서를 고용보험 사이트에 등록하면, 본인이 매달 초에 지난달 급여에 대한 보전금을 신청해야 한다.

사실 이 과정이 좀 번거로운데, 회사에서 확인서를 등록해놔야 신청이 가능하다. 이때 육아기 단축근무 기간마다 내가 받은 급여명세서 등을 증빙으로 첨부해야 한다. 그리고 보름쯤 지나면 내가 입력한 계좌로 약간의 정부보전금이 들어온다.

참고로 한 가지 더 말하자면, 육아기 단축근무를 사용한 다음 해에 깨닫게 된 슬픈 사실이 하나 있다. 전년도 기본급이 많이 삭감됐기 때문에 그다음 해 연봉이나 수당 등도 영향을 받는다는 사실이다. 전년도 기본급을 기준으로 계산이 되기 때문에 한 번 깎인 연봉이 회복되는 데는 생각보다 시간이 오래 걸릴 수도 있다. 이 책을 쓰는 지금도 여전히 꽤나 많이 삭감된 노동단가를 감내하는 중이다. 그러나 어쩌겠는가? 세상에 공짜 점심은 없는 법. 다만 제도가 조금 더 개선돼 향후에는 어쩔 수 없이 내야 하는 점심값이 조금 더 저렴해지기를 바랄 뿐이다. (이건 정말 써본 사람, 꼭 써야 하는 사람만 안다.)

두 번째로, 무형의 눈치싸움을 하게 된다. 월급이 눈에 보이는 물질적 삭감이라면, 회사 내 눈치싸움은 무형의 정신적 삭감이다. 아무래도 매일 조퇴하는 기분이 들어 처음에는 동료들이나 상사 눈치를 보게 된다(하지만 차차 괜찮아진다. 인간은 적응의 동물임을 잊지 말자!). 또한 만약 내가 승진연차라면 부담이 될 수도 있다. 그러나 모든 사회생활은 기브 앤드 테이크이고, 내가 당장 잃을 것보다 얻을 수 있는 것에 집중하라고 말해주고 싶다.(결국 세상은 관점 차이니까!)

그리고 육아기 단축근무는 꽤 괜찮은 선택지이므로, 할 수 있으면 해보고 결정하라고 권한다. 뭐든 실제보다 상상 속에서 최악의 상황을 만나게 될 뿐이고, 케이스 바이 케이스이겠지만 내 경우 근무평가에서도 나쁘지 않은 결과를 얻었다.
오히려 자발적인 근무시간 선택, 일과 육아의 병행판을 짜놓음으로써 업무집중도를 높이고 회사에 대한 애사심을 키울 수 있었기 때문이 아닐까 싶다. 구체적인 방법 등에 관해선 3부 마지막 장에 정리해뒀다.

지구의 한편이 낮일 때, 다른 한편은 밤이다.
내가 어느 편에 서서 세상을 보는지에 따라 세상이 양지일 수도 음지일 수도 있다. 그러니 뭐든 나쁜 면이 아닌 좋은 면을 바라보려 노력하는 게 육아하는 직장인이 가져야 할 필수 정신자세다.

육아기 근로시간 단축 신청하기

'육아기 단축근무'를 써본 내가 독자들에게 줄 수 있는 팁은 간단하다.

너무 촉박하지 않게 출퇴근 시간을 설정할 것!

하루 2시간 단축이냐, 3시간 단축이냐로 고민할 때 이 부분이 나도 가장 고민이었는데 2시간을 단축하면 매일 도로 위의 카레이서가 돼야 했고 실제로 조급한 마음 땜에 사고의 확률도 높아졌다. 워킹맘들은 기본적으로 여유가 없기 때문에 출퇴근 시간을 촉박하게 설정해두면 일상적인 스케줄 전체가 촉박해진다. 그러니 아깝거나 눈치가 보이더라도 조금 여유 있게 근무 시간을 설정하자. 그게 내 마음의 평화, 내 가정의 평화를 지키는 일이다.

또한, 육아기 단축근무에 따른 정부보전금을 받으려면 회사 담당자가 먼저 고용보험에 나의 육아기 단축근무신고를 해야 한다. 그러니 이 점을 담당자에게도 공유해두자. 그래야 내가 단축근무를 시작한 다음 달 고용보험 사이트에서 단축근무급여를 신청할 수 있다.

(회사 인사 담당자, 복무 담당자와 친밀한 관계를 보험처럼 관리해 두시길)

세부항목	근거법	법조항
육아기 근로시간 단축	남녀고용평등과 일 · 가정 양립 지원에 관한 법률	제19조의2 (육아기 근로시간 단축)
		제19조의4 (육아휴직과 육아기 근로시간 단축의 사용형태)

관련 법 규정 내용

① 사업주는 근로자가 초등학교 6학년 이하의 자녀를 양육하기 위하여 근로시간의 단축을 신청하는 경우에 이를 허용하여야 한다. 다만, 대체인력 채용이 불가능한 경우, 정상적인 사업 운영에 중대한 지장을 초래하는 경우 등 대통령령으로 정하는 경우에는 그러하지 아니하다.

② 제1항 단서에 따라 사업주가 육아기 근로시간 단축을 허용하지 아니하는 경우에는 해당 근로자에게 그 사유를 서면으로 통보하고 육아휴직을 사용하게 하거나 출근 및 퇴근 시간 조정 등 다른 조치를 통하여 지원할 수 있는지를 해당 근로자와 협의하여야 한다.

③ 사업주가 제1항에 따라 해당 근로자에게 육아기 근로시간 단축을 허용하는 경우 단축 후 근로시간은 주당 15시간 이상이어야 하고 35시간을 넘어서는 아니 된다.

④ 육아기 근로시간 단축의 기간은 1년 이내로 한다. 다만, 제19조제1항에 따라 육아휴직을 신청할 수 있는 근로자가 제19조제2항에 따른 육아휴직 기간 중 사용하지 아니한 기간이 있으면 그 기간을 2배 가산한 기간 이내로 한다. (최대 3년)

⑤ 사업주는 육아기 근로시간 단축을 이유로 해당 근로자에게 해고나 그 밖의 불리한 처우를 하여서는 아니 된다.

⑥ 사업주는 근로자의 육아기 근로시간 단축기간이 끝난 후에 그 근로자를 육아기 근로시간 단축 전과 같은 업무 또는 같은 수준의 임금을 지급하는 직무에 복귀시켜야 한다.

---

② 근로자는 육아기 근로시간 단축을 나누어 사용할 수 있다. 이 경우 나누어 사용하는 1회의 기간은 1개월 이상이 되어야 한다.

빽 없는 워킹맘이 된다는 것
눈물 젖은 핸들을 잡아보았는가?

나는 살면서 나한테 빽 ^{back} 이 없는 걸 아쉬워한 적이 없었다.

내가 계획한 대로, 나만 잘하면 됐다. 그렇게 잘 살아왔다(라고 뒤늦게 깨달았다). 그런데 아이를 낳고 보니, 더 정확히는 아이를 낳고 복직하고 보니 나한테 빽이 없다는 게 솔직히 좀 서러웠다.

부모님의 도움을 받을 생각은 원래도 없었지만, 막상 내가 앞도 뒤도 없는 워킹맘 생활을 시작하고 보니 생각보다 육아와 일을 홀로 병행한다는 건 어려웠다.

그러나 어쩌겠는가.

내가 택한 이 길을 완주할 수 있는 최선의 판을 짜는 수밖에.

나는 복직 후 빽없는 워킹맘으로서의 첫발을 내디뎠다.

1년 6개월의 육아휴직이 종료되기 전의 첫 번째 준비사항은 등하원 도우미 선생님을 구하는 것이었다.

당시 우리 아이와 같은 반에 워킹맘 선배가 있었고, 그분을 통해 정부지원 도우미를 알게 됐다. 실제로 그 도우미 선생님이 아이를 등하원 해주는 걸 본 적이 있는데 꽤 괜찮다는 느낌을 받았다. 정부지원 도우미는 부모의 소득 수준에 따라 정부지원금의 한도가 정해지고, 지자체에 등록된 도우미 선생님과 계약이 체결되는 방식이었다.

내 경우엔 일단 금전적 지원은 못 받더라도 정부에서 관리하는 풀 ^{pool}의 선생님이라면 조금이라도 더 믿을 수 있지 않을까 하여 신청했다.

그리고 운이 좋게도(정말 운이 좋은 케이스) 10월에 서비스를 신청하여 11월에 정부지원 도우미가 연결됐다. 바로 앞 아파트 단지에 사시는 도우미 선생님과 11월 한 달의 적응기를 거친 후 아이는 12월부터 등원 2시간, 하원 2시간을 도우미 선생님과 보냈다.

내 출근 시간은 8시, 퇴근 시간은 5시.

출퇴근 시간을 고려해서 7시 10분에 집을 나섰고, 5시 50분쯤 집에 돌아왔다. 그리고 집안에 3개의 CCTV를 달았고, 도우미 선생님의 사전 동의도 받았다.

도우미 선생님은 간식 챙겨주기, 옷 입혀주기, 등하원 시켜주기, 오고 가는 길에 산책을 하거나 집에서 노는 것 정도를 도와주셨다. 그럼에도 친할머니는 아니었기에, 신경이 안 쓰인다면 거짓말.

선생님이 도착하면 엄마가 간다는 걸 아는 아이는, 선생님이 오면 울어댔다.

아니, 선생님이 도착했다는 현관 센서만 떠도 "가~가~!"를 외쳤다.

"엄마 금방 와~ 알지? 어린이집에서 친구들이랑 재밌게 놀고~ 집에 와서 또 선생님하고 놀고 있으면 엄마 금방 올게!"

나는 아이의 눈을 보며 이렇게 말하고 손을 흔들었다. 이땐 가급적 미련 없이 밝게 아이와 인사를 해야 한다. 아이가 울어도 엄마는 울면 안 된다. 엄마가 주저하는 게 보이면 아이는 더 대차게 울어댄다. 물론 그렇다고 해서 몰래 나가는 건 더더욱 안 된다.

아무튼 그렇게 후다닥 내 몸을 집 밖으로 내보냈다. 내가 오늘 세수는 했던가? 할 때도, 못할 때도 있었다. 그래도 집에서 무사히 나온 게 어디냐며 달리는 차들 속에 나도 합류할 수 있어 정말 다행이라고 생각했다. 아이가 아프지 않고, 별 탈 없이 어린이집을 갈 수 있음에 안도하고 하루의 시작이 순조롭게 흘러가고 있음에 감사하며.

엄마가 돌아올 시간쯤부터 아이는 "엄마엄마"를 외쳤다(고 한다). 그리고 엄마가 집에 오면, 아이는 바로 도우미 선생님에게 "안녕, 안녕" 하며 손을 흔들었다.

사실 나도 엄마인지라 마음도 아팠고, 종종 도우미 선생님께 하고 싶은 말을 속으로 삼킨 적도 많았다. 그래도 빽 없는 워킹맘은 최대한 선생님의 안위에 영향을 주지 않기 위해 최선을 다했다.

그렇게 나의 복직 3개월은 몸도 마음도 빡빡했다. 아이는 6시쯤 일어나는데, 그때부터 눈곱도 못 떼고 아이를 먹이고 등원 준비를 해놓은 후 정작 나는 세수도 못한 채 우는 아이와 인사하며 몸을 집 밖으로 밀어냈다. 그마저도 지각을 할까 봐 전전긍긍하며 엑셀을 밟았고, 무사히 출근해서 마시는 커피 한 잔은 가장 큰 위로가 됐다.

퇴근길도 마찬가지.

출근보다 막히는 퇴근길에는 실시간 앱으로 CCTV 영상을 확인해 가며, 애가 집에 무사히 도착했는지, 울지는 않는지, 오후 간식을 제대로 먹는지, 저녁은 또 뭘 먹일지 등 오만 생각을 하며 또 엑셀을 밟았다. 퇴근해서 집까지 전속력으로 달려 도우미 선생님께 무한 감사를 드리며 어서어서 퇴근하시라 수고의 인사를 건넸다. 아이는 그때부터 엄마 껌딱지가 된다.

일찍 자고 일찍 일어나는 아이의 스케줄상, 6시엔 저녁을 준비해 먹여야 하는데 한시도 엄마한테서 떨어지지 않는다. 결국 아이를 안고 저녁 준비를 하고, 어떻게든 저녁을 먹여서 씻기고 놀아주고 재우고. 미션 완료를 향해 박차를 가한다.

아이는 8시 30분쯤 취침.
'아, 드디어 하루가 끝났구나.'
안도의 한숨을 내쉰다.

가끔 아이와 함께 그대로 자고 싶은 적도 많았지만, 그대로 눈을 감으면 다음날 아침에는 훨씬 더 촉박하게 시간을 보내야 했다. 그래서 전날 밤 꼭 어린이집 알림장을 확인해서 준비물을 챙겼는지 재차 확인하고 다음 날 아이가 입을 옷, 갖고 갈 약, 먹을 음식들을 준비해뒀다.

그래도 아이가 무탈할 때는 팽팽한 긴장감 속에서 일상이 유지가 된다. 일상이 무너질 때가 진짜 문제다. 아이가 아프거나, 어린이집이 방학일 때면 연차를 썼다.
엄마가 회사를 가기 시작하면, 아이가 기가 막히게 알고 아프다더니 아이는 내가 복직한 달부터, 한 달에 한 번은 꼭 열이 났다. 열이 나면(38℃ 이상) 아이는 무조건 하원해야 한다.

그래서 나는 출근했다가 30분도 못 채우고 퇴근한 적도 있고, 심지어 출근길에 어린이집 전화를 받고 그대로 유턴하여 어린이집으로 되돌아간 적도 있다.

그 길 속에 어찌 눈물 콧물 쏟지 않았겠는가.

무슨 부귀영화를 누리겠다고 이렇게 사는 건지. 마냥 억울하고 짜증 나고 서러웠다. 그렇게 복직 후 몇 달은 눈물 젖은 핸들을 손이 하얘지도록 움켜잡았다.

> **"**
>
> 우리는 부귀영화를 누리려고 이렇게 사는 게 아니다.
>
> 아이와 나 모두 행복하게 살아가기 위해
>
> 매일 이다지도 노력하는 것이다.
>
> **"**

일하는 엄마의 죄책감이라는 밑도 끝도 없는 고질병은 보통 아이가 아플 때 발동되는데, 얼른 탈출해야 한다.

내가 일을 하는 건 아이가 아프지 않을 때만을 위한 것이 아니다.
아이가 아프든 아프지 않든
그 모든 때를 위해 일을 해나가는 것이다.

일하는 엄마 때문에 아이가 아픈 것이 아니다.

아이도 엄마도 함께 크느라 겪는 성장통이다.

이 시기를 잘 지나면, 그러니까 붙든 핸들을 놓지만 않으면,

아이도 엄마도 한 단계 더 성장할 수 있다.

도우미 선생님(이모님) 구하기

면접만 20번, 총 4명의 이모님을 구해본 경험에 근거해 주관적인 팁을 정리해봤다.

최대한 많은 통로를 이용하라

도우미 선생님을 구하는 통로 : 정부지원도우미사이트(앱), 맘시터(앱), 맘카페(아파트 맘톡방, 지역 커뮤니티 daum, naver 카페 등)

정부지원도우미 : 아이 돌봄 서비스(https://www.idolbom.go.kr)

나는 오전 2시간, 오후 2시간 '시간제 돌봄 서비스'를 선택했는데 서비스엔 '기본형'과 '종합형'이 있다. 아이를 돌보는 범위에 따라 선택이 달라지는데, 보통 '기본형'을 많이 선호한다고 한다. 물론 가격도 다르다. 나는 시간제, 기본형을 선택했고 '비고'란에 '간식도 엄마가 모두 준비해둠. 단지 내 어린이집은 도보 5분 이내'와 같이 최대한 도우미 선생님의 부담을 덜 수 있는 내용을 많이 기입했다. 신청기간과 통보기간이 정해져 있으니 사전에 일정을 꼭 확인하고, 미리미리 신청해둬야 한다.

신청해도 연락이 오지 않는 경우가 부지기수니, 너무 연락이 안 온다 싶으면 해당 지역의 담당자(보통 행정복지센터 담당자일 경우가 많다)에게 연락해보는 것도 괜찮다. 그러면 담당자가 그 시간대가 아닌 다른 시간대는 어떤지 등을 확인해 주는 경우도 있다. (예를 들어 오전 2시간, 오후 2시간보다는 오전이나 오후 한쪽으로 시간을 모는 경우를 도우미 선생님들이 더 선호할 수도 있다.)

맘시터(https://www.mom-sitter.com/)

두 번째 도우미 선생님을 이 사이트를 통해 구했고, 결과부터 말하자면 성공적이었다. 다만 맘시터를 제대로 활용하기 위해서는

'유료' 서비스에 가입해야 한다. 몇 개월간 온·오프라인 면접을 볼 수 있는 기회를 얻는 것인데 기회비용으로 생각하자. 보통 5만 원 이내의 가격으로 시작할 수 있다. 맘시터에 부모회원으로 가입하고 나면, 내가 구하는 공고를 올릴 수 있고 구직을 하는 분들의 정보도 열람할 수 있다. 내가 올린 공고를 보고 채팅 등을 상대방이 걸어올 수 있고, 내가 원하는 도우미 선생님의 정보를 보고 대화를 먼저 제안할 수도 있다.

맘카페/맘톡방

나는 수원에 살고 있으므로 수원맘 카페를 통해 세 번째 도우미 선생님을 구했었는데, 우선 같은 지역 내 살고 있는 분과 연락될 가능성이 높다. 도우미 선생님은 아이의 등하원뿐만 아니라 나의 출퇴근에도 결정적 영향을 미치므로 무조건 단거리 거주자를 추천한다. 도우미 선생님 구직 게시물을 작성하면, 댓글이나 쪽지로 연락이 온다. 이분들과 사전에 정보를 확인하고, 면접 일정을 잡으면 된다.

주거지 커뮤니티방(맘톡방 등)

요즘은 대단지 아파트일수록 여러 가지 커뮤니티가 생성되어 있다. 나의 경우 내가 사는 아파트 내 맘톡방이 있었고, 엄마들 사이에 생각보다 엄청난 정보가 오갔다. '도우미 선생님' 관련 정보도 가끔 올라왔다. 특히 마지막 도우미 선생님은, 이사를 가게 돼 기존에 함께 한 이모님을 추천한다는 맘톡방의 메시지를 통해 구하게 됐다. 신원이 확실하기 때문에 가장 좋은 정보를 얻을 수 있다는 장점이 있다.

면접은 실전처럼

아이가 없을 때 면접을 보는 경우도 있는데 나는 가급적 아이가 있을 때 함께 보기를 추천한다. 아이를 좋아하는 분들은 엄마와 대화를 나누다가 아이와 눈을 마주치고 아이의 장난감을 궁금해하고, 대화를 시도한다. 그러다 아주

짧게나마 놀아주시기도 한다. 잊지 마라. 내가 도우미 선생님을 고용하지만, 실제로 도우미 선생님과 함께 지낼 건 엄마가 아닌 아이다. 아이의 입장에서 가장 편하고 좋은 도우미 선생님을 구해야 한다. 이때 엄마가 정해둔 몇 가지 일과와 꼭 지켜주셨으면 하는 내용들을 미리 정리하자. 나의 경우는 아래와 같은 to do list와 not to do list가 있었다.

to do list

1. 손 씻기
2. 옷 갈아입기
3. 양치하기
4. 간식 먹기
5. 정시 출퇴근 엄수, 휴가가 필요할 경우 최소 2일 전 통보

Not to do list

1. 네일
2. 장신구
3. 지각

애초에 구인공고에 위와 같은 내용을 적어두면 서로 편하다. 그리고 종이로 적어서 처음에 보여드리면 차후에 생길 수 있는 오해나 갈등을 예방할 수 있다. 당연한 말이지만 시급은 첫 만남에 한 번 더 확인해야 하고, 월급제로 할지, 근무 마지막 날 월말 정산을 통해 드릴지 등도 사전에 확정하자. 돈 이야기는 부담이 되지만, 부담이 되는 만큼 서로에게 가장 중요한 사실이므로.

가장 중요한 한 가지

너무나 당연한 말이지만, '장기근속 가능자'를 구하는 게 최고다.

아이와 도우미 선생님이 적응하는 데는 최소 일주일 이상이 필요하다. 그리고 아이는 잘 지내다가도 엄마와 헤어질 때가 되면 울고불고 떼쓰기도 부지기수다. 그런데 도우미 선생님이 그만두시면 또 엄마는 구인부터 면접까지 시간과 비용을 들여야 하고 무엇보다 아이도 재적응할 시간이 필요하다.

이는 엄마에게도 아이에게도 가장 피해야 할 상황이니, '장기근속'이 가능한 분인지(예를 들어 다른 직업을 찾는 중 징검다리로 도우미 일을 하시는 건지, 곧 태어날 본인의 손주를 봐줄 계획이 있으신지 등)를 꼭 재차 확인하자. 그래도 안 되는 건 하늘의 뜻이다.

하루 3부제 근무
나의 첫 육아기 단축근무 3개월

복직 4개월 차에 나는 새로운 스케줄을 짜야 했다.

3개월간 일해주신 도우미 선생님이 더 이상 도우미 일을 하지 않는다고 통보했기 때문이다.

지구가 흔들린다는 표현이 맞을까. 겨우 일상을 유지하던 토대가 흔들렸다.

하지만 충격과 공포의 순간도 잠시, 대안을 찾는 게 급선무였다.

결국 나는 '육아기 단축근무'라는 새로운 판을 짰고, 근무시간을 단축하여 아이의 등하원을 모두 맡게 되었다. 그렇게 나의 첫 육아기 단축근무 3개월이 시작됐다.

부랴부랴 1부

나는 보통 오전 6시 전후로 일어난다.

앞에서도 언급했듯, 새벽형 아기와 함께하기 때문이다.

아이가 6시쯤 일어나면, 기저귀를 갈고 유산균을 먹이고 부랴부랴
아침 식사를 준비했다.

그리고 아기가 감기에 걸렸을 때는 아침 감기약을 먹이고, 점심 감
기약을 미리 준비해서 키즈노트 투약의뢰서를 쓴다. (어린이집 앱을
통해 선생님께 약을 먹여달라는 전자의뢰서를 쓰는 것이다)

아이가 일반식을 먹기 시작한 후로 자주 먹는 단골 메뉴가 있다.

데친 브로콜리와 토마토, 치즈, 김, 백김치, 달걀 등이다.

아무튼 아침에는 이 메뉴들로 돌려가며 먹인다. 부랴부랴.

밥을 먹인 후 아이는 아침 놀이를 한다. 그 사이 나는 설거지를 하고,
세수와 양치를 한다. 내 옷을 갈아입고 아이의 어린이집 가방과 준
비물, 외출복을 준비한다. 아이를 불러 양치를 하고, 옷을 갈아입히
면 등원 준비 완료.

"오늘은 킥보드 탈 거야? 빠방이 탈 거야? 걸어갈 거야?"

아이가 2~3살 때까진 유모차로 등하원을 했는데 점차 킥보드를 타고 가는 날이 늘어났다.

그럼 나는 내 회사 가방, 아이의 어린이집 가방, 킥보드를 두 손 무겁게 들고 나간다. 아이가 씽씽 킥보드를 타고 어린이집에 들어가면, 나는 바로 지하 주차장으로 내려가 시동을 켠다. 30분 정도 운전을 해 회사 주차장에 차를 세우면 아침 1부 미션 완료.

범사에 감사, 2부

출근한 순간부터 직장인으로서의 내 하루가 시작된다.

내가 출근했음을 알리는 신호탄이 있는데, 바로 모닝커피다.

다시 시작되는 2부의 연착륙을 위해서는 카페인의 도움이 절실하다. 출근후 회사 카페에서 사 먹는 카페라테의 맛은 정말 1등 바리스타가 갓 내려준 커피 못지않을 거다. 텀블러에 라테 한 잔을 담아 모니터 앞에서 한 모금 마시면, 온몸에 카페인이 도는 기분이 든다. 그리고 하루를 무사히 시작했다는 안도감이 퍼진다.

단축한 근무시간 내 남에게 민폐 주지 않고 일을 마치기 위해 씨름하다 보면 어느새 점심시간이 된다. 나는 이 시간을 '숨통 트이는 시간'이라고 부른다. 내가 나로서 숨 쉴 수 있는 숨통이 트이는 시간. 나는 이 시간에 최대한 가치 있게 숨쉬기 위해 주 2회 운동을 한다.

아기를 안고 업느라 굽은 체형과 떨어진 체력을 개선하기 위해 주 2회 점심시간 필라테스 수업을 등록했다. 운 좋게도 회사 근처에 필라테스 학원이 있어 눈이 오든 비가 오든 가급적 가려고 한다.

50분 동안 굽고 비뚤어진 몸을 조금이나마 움직이고 나면 그게 또 참 뿌듯하다. (복직 초반엔 어린이집에서 걸려온 전화로 필라테스 학원에서 그대로 집으로 간 적도 몇 번 있다. 그때의 트라우마로 나는 수업 시간에 휴대폰을 진동모드로 바꿔 매번 갖고 들어간다.)

운동을 가지 않는 점심시간엔 구내식당에서 점심을 먹는다.

누군가 차려준 밥과 반찬. 그리고 자유롭고 평화롭게 먹을 수 있는 식사 여건.

더욱이 우리 회사 구내식당 주변엔 오래된 나무들이 많아 창밖으로 보이는 전망이 좋다.

거짓말 조금 보태서, '아 호텔 조식 부럽지 않네' 라는 생각이 든다.

아마 같이 밥을 먹는 동료들 입장에선 이해 못 할 오버일 것이다.

내가 어쩌다 이 정도로 범사에 감사하는 인간이 되었을까.

아무 일 없이 무사히 회사에 정시 출퇴근하고, 소중한 점심시간의 자유에 감사하며 2부가 종료된다.

오늘도 무사히 3부

퇴근 후부터 3부 시작.

4시 30분쯤 퇴근을 해서 집에 도착하면 5시 10분.

아파트 단지 내 아이 어린이집이 위치한 동에 주차를 한다. 그리고 킥보드와 약간의 간식을 꺼내 어린이집에 도착하면 5시 15분쯤.

아이가 달려와 안기면 비로소 나도 긴장이 풀린다.

그렇게 하원과 동시에 놀이터 타임 1시간이 이어진다. 아이들과 놀이터에서 놀고, 킥보드도 타고, 가끔 간식을 사러 가는 등 퇴근한 나에게는 가히 살인적인(?) 스케줄이다. 이러한 일정을 소화하고 나면 집에 6시~6시 30분쯤 도착. 그때부터 얼른 아이를 욕조에 담가 씻기고 저녁 준비를 시작한다. 그리고 또 아이와 놀고, 책을 읽고, 취침 준비를 한다.

사실 3부쯤 되면 이미 내 체력은 바닥이기 때문에 많은 걸 포기한다.

새벽 배송으로 도착한 반찬을 데우고, '오늘 하루쯤은 아기 머리를 안 감겨도 되지 않을까' 하고 고민한다.

아이가 밥을 한자리에서 먹지 않으면 그냥 책을 식탁에서 읽어주기도 하고, 왔다 갔다 하면서 먹이기도 한다.

저녁 9시쯤 아이가 잠들고 하루가 마감되면 이제 남은 잔업무를 쳐낼 차례.

설거지와 빨래. 그리고 선생님이 올려주신 키즈노트 알림장의 사진 보기. 이 시간이 가장 행복하다. 오늘 하루도 무사히 지나갔다. 아 감사합니다! 하루 3부제 근무의 공식적 일정 종료.

하루 3부제가 내게 준 선물은. 범사에 감사하는 마음이다.

사소함에 행복을 느끼는 감수성의 무한상승. 비록 그 시작은 좌절이었으나, 그 끝은 감사하리라.

아무튼 그렇게 내 첫 단축근무 3개월이 범사에 감사하는 마음으로 생각보다 괜찮게 종료된 후, 맘시터 등을 통해 두 번째 도우미 선생님을 구했다. 두 번째 도우미 선생님은 어린이집 10년 경력의 베테랑 선생님으로 아이와 잘 놀아주고 훈육방침도 확실해서 마음이 놓였다. 그렇게 다시 도우미 선생님과의 동행이 시작됐다.

육아기 단축근무를 하면서 나는 작은 일상에도 감사하는 마음을 탑재하게 됐다.

선택할 수 있는 제도가 있음에 감사했고 그 제도를 통해 내 몸은 힘들어도 아이를 내가 직접 등하원시킬 수 있다는 점, 경력을 포기하지 않고 직장을 이어갈 수 있다는 점 모두가 감사할 일이었다.

감당할 수 있겠어?
우려했던 상황이 발생했다

두 번째 도우미 선생님의 코로나 확진.

지금껏 한 번도 코로나에 걸리지 않으셨던 선생님도 이번만큼은 운이 따라주질 못했다.

열이 올라 못 오신다는 연락을 새벽에 갑작스레 받았다.

나는 급하게 시간제 휴가를 쓰고, 아이를 9시에 등원시킨 후 출근을 했다.

또 오후 시간제 휴가 1시간을 쓰고, 아이를 5시쯤 하원시켰다.

원래 금요일에 쉬기로 했던 남편은, 목요일까지 연차를 써서 아이를 케어했다. 그렇게 도우미 선생님 없는 일주일간의 공백은 다행히도 (?) 연착륙한 듯 보였다.

일요일 오후 5시. 도우미 선생님으로부터 걸려온 부재중 전화 한 통. 아, 왠지 불길했다.

첫 코로나에 걸린 선생님은 열이 쉬이 내리지 않고 주말에도 병원 링거를 맞을 정도로 몸살이 나셨다고 했다.

결국 한 주 더 쉬셔야 할 거 같다는 말씀.

"애기 엄마한테 너무 미안해서, 다른 선생님 구하라고 해야 하나 생각했어요."

"어머머 아니에요~ 아니에요 선생님! 한 주 더 푹 쉬시고 꼭 봬요!!!"

일주일 공백이야 죽이 되든 밥이 되든 채울 수 있겠지만, 새로운 선생님을 구하는 건 완전 급이 다른 일이었다. 일요일 저녁 나는 머리를 이리 굴리고 저리 굴리며 대응 방법을 강구했다.

결국 내가 일주일간 매일 2시간씩 '가족돌봄휴가'를 쓰고 아이를 좀 더 일찍 어린이집에 보내기로 했다.

다행히 아이가 다니는 어린이집은 시립이라, 오전 8시에 문을 여는데 이때는 당직 선생님 한 분이 아이들을 돌본다. 우선 어린이집 알림장에 8시 등원이 가능한지 여쭤봤고, 보내도 된다는 선생님의 답변을 보고 부랴부랴 직장 상사를 비롯한 팀 단톡에 나의 신변 변화를 보고했다.

자, 일단은 상황이 일단락된 건가?

8시에 아이를 등원시키고 9시까지 출근하려면 약 50분 안에 회사에 도착해야 한다.

단 1~2분의 지체가 지각을 만든다.

그만큼 워낙에 막히는 길을 뚫고 가야 했다.

전날 저녁 아이의 옷, 준비물, 아침재료(최대한 잘게 미리 잘라서 한 번에 볶을 수 있도록 해 시간 절약)를 준비하고 아이에게도 여러 번 "내일은 엄마랑 조금 일찍 가서 친구랑 놀고 있자"라고 말해두었다.

긴장되는 마음에 잠을 자는 둥 마는 둥 하다가 아침이 밝았다.

6시에 일어난 아이의 눈치를 봐가며 아이가 잘 먹는 재료로만 엄선한 아침을 먹이고 나니 7시 20분. 나는 아이 양치를 시키고, 옷을 갈아입히고, 7시 45분쯤 집에서 나섰다.

주룩주룩. 하필, 월요일 아침부터 비라니. 안 그래도 막히는 월요일 출근길에 비는 악재였다.

아무튼 그 모든 것은 아이를 등원시킨 이후의 걱정.

다행히 8시 등원하는 같은 반 아이가 있어서 그 아이를 기다렸다가 함께 등원을 했다.

신발장을 보니, 그 아이와 우리 아이 2명뿐. 아이의 친구마저 없었으면 출근길이 얼마나 더 심란했을까. 그렇게 아이를 어린이집에 보내고, 엑셀을 밟았다.

하지만 역시나 밟히지 않는 비 오는 월요일 출근길이었다.

때마침 즐겨듣던 김영철의 라디오에선 "'감당할 수 있겠어?'가 영어로 뭔가요?"라는 질문이 나왔다.

김영철의 영어질문.
"Think, you can handle it?"

나의 대답.
"No."

나도 모르게 육성으로 대답해버렸다.

변수가 상수만큼 많은 게 육아인지라 조부모 도움 없는 풀타임 맞벌이 부부가 애를 키우는 환경은 상상 이상으로 절박하다. 해보지 않으면 절대 체감하지 못할 이 세계의 매운맛을 언제까지 감당할 수 있을까. 내비게이션에는 회사 주소가 찍혀있었지만, 가는 길에 대한 확신은 없었다.

그래도 비 온 월요일보다야 내일은 조금 더 수월하겠지 하는 희망 회로를 돌렸고, 아이가 도우미 선생님으로 인해 코로나에 전염되지 않은 게 어디냐며 긍정 회로도 열심히 돌렸다. 마지막으로 내가 아프지 않아 이 모든 상황을 감당할 수 있으니 다행이라는 감사 회로로 마무리.

그렇게 내가 쓸 수 있는 회로를 총동원하여 비상상황에 적응해갔다. 육아하는 직장인에게 있어 긍정 회로, 희망 회로, 감사 회로는 선택이 아닌 필수다!

가족돌봄휴가

법적으로 보장된 '가족돌봄휴가'는 총 10일로 무급이다. 1일 단위로 사용 가능하다.

신청 가능한 사유는 가족의 질병이나 사고, 노령, 자녀 돌봄이 필요한 경우인데 이때 '가족'의 범위는 조부모, 부모, 배우자, 배우자의 부모, 자녀, 손자녀까지다. 가족돌봄휴가를 사용할 때는 신청서를 회사 양식에 맞춰 제출하면된다. 다만 사내 규정에 따라 일부 일수는 '유급'으로 사용할 수도 있으므로상위법을 기본으로, 사규를 잘 살펴봐야 한다. 사규에 없더라도 상위법(근로기준법, 남녀고용평등과 일가정 양립 지원에 관한 법률 등)에 보장된 권리는근로자 입장에서 사용을 신청할 수 있다.

상위법을 넘어서는 규정, 예를 들어 무급 10일의 가족돌봄휴가 중 2~3일을유급화한 경우 이를 개인연차보다 우선 사용하는 것을 권한다. 예를 들어 우리 회사는 1자녀는 2일, 2자녀 이상은 3일의 유급 가족돌봄휴가를 사용할 수있는데 '일' 단위가 아닌 '시간' 단위로 사용할 수 있다. 물론 정당한 사용임을입증하는 증빙자료는 필수.

휴가를 사용할 때는 '무급'인지 '유급'인지, 또는 최소 사용일수나 시간이 있는지 없는지 등을 꼼꼼하게 살펴보도록 하자.

세부항목	근거법	법조항
가족 돌봄 휴직 및 휴가, 가족돌봄 등 근로시간 단축	남녀고용평등과 일·가정 양립 지원에 관한 법률	**제22조의2 (근로자의 가족 돌봄 등을 위한 지원)**

관련 법 규정 내용

② 사업주는 근로자가 가족(조부모 또는 손자녀의 경우 근로자 본인 외에도 직계비속 또는 직계존속이 있는 등 대통령령으로 정하는 경우는 제외한다)의 질병, 사고, 노령 또는 자녀의 양육으로 인하여 긴급하게 그 가족을 돌보기 위한 휴가(이하 "가족 돌봄 휴가"라 한다)를 신청하는 경우 이를 허용하여야 한다. 다만, 근로자가 청구한 시기에 가족 돌봄을 주는 것이 정상적인 사업 운영에 중대한 지장을 초래하는 경우에는 근로자와 협의하여 그 시기를 변경할 수 있다.

③ 제1항 단서에 따라 사업주가 가족 돌봄을 허용하지 아니하는 경우에는 해당 근로자에게 그 사유를 서면으로 통보하고, 다음 각 호의 어느 하나에 해당하는 조치를 하도록 노력하여야 한다.

1. 업무를 시작하고 마치는 시간 조정
2. 연장근로의 제한
3. 근로시간의 단축, 탄력적 운영 등 근로시간의 조정
4. 그 밖에 사업장 사정에 맞는 지원조치

④ 가족돌봄휴직 및 가족돌봄휴가의 사용기간과 분할횟수는 다음 각 호에 따른다.

1. 가족돌봄휴직 기간은 연간 최장 90일로 하며, 이를 나누어 사용할 수 있을 것. 이 경우 나누어 사용하는 1회의 기간은 30일 이상이 되어야 한다.
2. 가족돌봄휴가 기간은 연간 최장 10일, 일단위로 사용할 수 있을 것. 다만, 가족돌봄휴가 기간은 가족돌봄휴직 기간에 포함된다.
3. 고용노동부장관은 감염병의 확산 등을 원인으로 「재난 및 안전관

⑥ 사업주는 가족돌봄휴직 또는 가족돌봄휴가를 이유로 해당 근로자를 해고하거나 근로조건을 악화시키는 등 불리한 처우를 하여서는 아니 된다.

⑦ 가족돌봄휴직 및 가족돌봄휴가 기간은 근속기간에 포함한다. 다만, 「근로기준법」 제2조제1항제6호에 따른 평균임금 산정기간에서는 제외한다.

가족돌봄휴직 또는 가족돌봄휴가를 이유로 해당 근로자를 해고하거나 근로조건을 악화시키는 등 불리한 처우를 한 경우

- 위반 시 제재
  - 가족돌봄휴직 또는 가족돌봄휴가을 허용하지 아니한 경우 500만 원 이하의 과태료 부과
  - 가족돌봄휴직 또는 가족돌봄휴가를 이유로 해당 근로자를 해고하거나 근로조건을 악화시키는 등 불리한 처우를 한 경우 3년 이하의 징역 또는 3천만 원 이하의 벌금 부과

육아는 왕게임
최악을 피하는게 최선이다

도우미 선생님의 코로나 감염으로 매일 2시간의 휴가를 쓰게 된 일주일.

첫날은 비빌 언덕 없는 내 상황이 원망스러웠고, 둘째 날은 그래도 비 오는 월요일보단 낫구나 싶었다. 셋째 날엔 그 상황에 빨리 적응한 나와 아이를 보며 죽으란 법은 없구나 싶었다.

하지만 그런 나의 마음에 보란 듯이 비보가 날아들었다.

8월 31일, 수요일.

8월 도우미 선생님 급여를 정산하기 위해 연락을 드렸다. 그런데 돌아온 선생님의 답변은...

> **"**
> 몸이 계속 아파서, 일을 못할 거 같아요.
> 너무 미안해서 어쩌죠?
> **"**

순간이다.
모든 게 결정되는 건, 정말 한마디의 순간.

선생님께 재고의 여지가 없는지 확인 후, 나는 빛의 속도로 대안을 찾기 시작했다.
물론 나는 절망했고, 원망했고, 서글펐다.
차오르는 눈물을 누르고 급히 대안을 구해야 했다. 왜냐하면, 내일은 9월 1일. 나의 근무 형태를 바꾸려면 오늘 퇴근하기 전까지 모든 걸 결정하고 회사에 알려야 했기 때문이다. (우리 회사는 월 단위로 근무 형태를 변경할 수 있다.)

사실 나에겐 대안이 하나뿐이었다. '육아기 근로시간 단축제도'.
새로운 도우미 선생님을 구하는 동안 단축근무를 해야만 아이의 등하원이 가능했다. 첫 번째 도우미 선생님도 석 달 만에 그만두셔서 나는 이미 석 달의 단축근무를 썼다. 다섯 달 만에 또 단축근무를 신청해야 하는 상황이 난감했지만, 절차는 빠삭했다.

몇 개월 간, 하루 몇 시간을 쓸 것인가?

9월부터 단축근무를 3개월을 썼다가, 좋은 도우미 선생님을 못 구하면?

단축근무는 법령상 최소 신청 단위가 3개월이었다(최근엔 1개월로 개정). 때문에 그 사이에 도우미 선생님을 구하지 못하면, 또다시 3개월을 써야 한다. 그래서 나는 일단 9월부터 12월까지 4개월을 쓰기로 했다.

그렇다면, 시간은?

2시간을 단축할까, 3시간을 단축할까? 퇴근 30분 전까지도 고민했다. 본래 단축근무는 시작일 기준 최소 2주 전까진 회사에 신청하는 게 원칙인데 나는 지금 당장 반나절을 앞두고 신청해야 하니 압박감이 상당했다. 머리가 지끈지끈. 이럴까 저럴까 남편과도 상의해봤지만, 결국 선택은 나의 몫. 이번 주 도우미 선생님의 공백으로 내가 아이를 8시에 등원시켜보니, 다른 친구 한 명만 결석을 해도 우리 아이 혼자만 있어야 하는 상황이었다.

그래서 아이를 9시에 등원시키고 내가 10시에 출근하기 위해 하루 3시간 단축근무로 최종 신청서를 제출했다.

아이를 찾으러 또 부리나케 가며, 아침 통합반(8~9시)과 오후 연장반(4~7시)에 아이들이 몇 명이나 있는지 어린이집에 문의를 했다. 8시 등원은 1~3명, 8시 30분 이후엔 5~10명. 오후에는 평균 10명이었다(후에 내가 확인해보니 이건 모든 연령을 합한 숫자이고, 우리 아이 나이에선 2명 정도가 남는 상황).

새벽녘 잠도 자는 둥 마는 둥.
새벽 6시쯤 눈을 뜨며 불현듯 떠올랐다.

> **"**
> ### 아! 우리 회사에 30분 단위
> ### 출퇴근 제도가 지난달엔가 생겼는데?
> **"**

미처 이 생각을 못했었던 것이다.
그 말인즉슨, 아이를 8시 30분에 등원시키고 9시 30분까지 출근해도 된다는 말.
그럼 4시 30분에 퇴근을 하고 아이를 5시쯤 하원시키면 되니 하루 3시간이 아닌 2시간만 단축해도 된다! (단축한 시간만큼 급여가 삭감되고, 아무래도 회사에서 볼 눈치도 늘어나니 여건이 된다면 단축 시간을 단축해도 된다)

여러모로 가장 최선의 방법!

3시간이 아닌 2시간만 단축해도 된다니!

유레카!(사람이 궁지에 몰리면, 이런 게 유레카가 되더라.)

다만, 어제 3시간 단축근무를 신청했으므로 사장님 결재가 나버렸다면 되돌릴 수 없는 일.

오늘은 이미 9월 1일.

나는 혹시나 모를 운을 기대하며, 아이를 8시에 등원시키고 9시 전에 출근을 했다. 오자마자 인사팀 문서함을 확인해본 결과, 없다. 아직 결재문서가 없다.

하느님, 감사합니다! 다행히 인사팀장님은 이해해주셨고 인사팀장님께 "죄송합니다"를 연발하며, 신청서를 다시 제출했다. 그렇게 나의 4개월간의 단축근무 생활이 또 시작되었다.

나는 매 순간 내게 있어 최선의 선택을 했고, 그 선택에 최선을 다하려고 노력했다. 하지만 육아가 힘든 이유는 나의 최선의 노력이 최선의 결과로 이어지지 않는다는 것이다.

내가 선택한 길을 유지하려고 돈도 썼고, 마음도 썼고, 체력도 썼는데 다시 제자리인 느낌이 종종 든다.

12월 복직 후 1년도 안 돼 두 번의 도우미 선생님을 구했고, 두 번의 단축근무를 신청했다.

우리 회사에 조부모님 도움 없이 워킹맘으로 살아가는 사람은 나밖에 없었다. 단축근무를 신청한 것도 내가 첫 번째였고, 단축근무의 절차와 내용을 빠삭하게 아는 것도 나뿐이었다.

조부모님의 도움 없는 워킹맘이 힘든 이유는 타인으로 둘러싸인 회사에서 사적인 사유를 들춰내 남과 다른 길을 개척해야 하기 때문이다.

육아는 왕게임 같다. 이번 판에 왕을 다 무찌른 줄 알았는데, 다음 판 왕이 또 나오는.

내 잘못은 아닌데, 내가 책임져야 한다는 사실에 처음엔 화가 났다. 하지만 시간이 지나며 나만 그런 건 아니라는 것, 이 땅 위에 나처럼 고군분투 중인 엄마 아빠들이 많다는 것을 이제는 안다.

> **"**
> 그리고 이 세계에 영원한 건 없다는 것. 최종판은 없다는 것.
> 그때그때 최악을 피해나가는 게 최선이 될 수 있다는 것.
> 그게 내가 복직 1년간 제대로 배운 교훈이다.
> **"**

갑을병정 중 정이 된다는 것
내가 왜 갑자기 갑을병정 중 '정'이 됐지?

두 번째 단축근무 후 내 근무시간은 오전 9시 30분~오후 4시 30분
이었다.

나는 칼퇴가 아니라 '정퇴(정시 퇴근)'를 하는데, 법적으로 단축근
무 노동자에게는 연장근무를 시킬 수 없게 되어있다. 그리고 회사에
서 퇴근하지만 어린이집으로 출근하러 가기 때문에 1분 1초가 여전
히 아깝다. 회사에선 내가 가장 먼저 퇴근 하는 편이지만, 어린이집
에선 우리 아이가 가장 늦게 하원 하는 아이 중 하나다.

종종 퇴근 시간 이후 회의가 잡힐 때가 있는데, 가능한 경우라면 어
린이집에 미리 전화를 해서 양해를 구하고 회의에 참석했다. 그런데
내가 도저히 가능한 시간이 아닐 때는 그냥 말한다.

"참석 못합니다."

내가 오전 9시 회의에 참석하려면, 남편이 늦게 출근하고 늦게 퇴근하는 근무 형태를 사전에 남편 회사에 보고하는 협조를 구해야 한다.

회식? 그냥 패스다.

회식과 아이를 저울에 올려놓으면 그냥 바로 답이 나오기 때문이다. (물론 나는 가끔 회식에 정말 참여하고 싶다는 마음이 든다!)

이런 상황에서 내가 느끼는 정신적 피로는 내가 남들과 '다르다'는 점을 설명해야 하는 것이다.

"제가 단축근무 중인데, 제가 이 일을 그 시간에 하려면 어떻게 해야 하냐면……."

나는 내 월급을 삭감한 선택에 따른 정당한 근무를 하고 있었다. 하지만 여전히 나는 부당함을 느꼈다. 이때 필요한 건 정신무장이다. "이렇게 위대한 스케줄을 소화하는 나한테 누가 뭐라 그래?" 하는 정신무장 말이다. 사람이니까 당연히 남들과 다른 선택에 따른 스트레스는 어쩔 수 없이 받지만, 타인의 눈치만 볼 필요는 없다.

눈치도 여유 있는 자들의 사치라고 생각하자. 그 어떤 누구도 내 삶의 1분 1초조차 대신 살아줄 수는 없으니까.

조부모님 도움 없이 써볼 수 있는 방법을 거의 다 써본 워킹맘으로서의 소회(?)를 밝히자면, '내 입맛에 맞는 선택은 애초에 없다'는 것이다.(다행히도 입맛에 맞는 선택지가 추후에 생겨난다. 뜻이 있는 자에게 길이 있나니!)

아무튼 이 점을 직시하고, 인정하고, 수용해야 육아하는 직장인으로 살아갈 수 있다.

타고나길 선택장애가 없던 나 같은 사람도 육아하는 직장인으로 살아가다 보면 선택장애가 생긴다. 회사와 육아 간에 존재하는 모든 옵션의 합을 고민하고 시행착오를 겪어야 하니 당연한 일이다.

가끔 내가 왜 갑자기 갑을병정 중 '정'이 됐지? 하는 순간이 찾아온다.

이모님과 아이가 함께 있는 집의 CCTV를 휴대폰으로 볼 때, 이모님 구하는 사이트에 들락날락할 때, 고용보험 사이트에 정기적으로 접속할 때, 회사 상사와 동료 눈치, 어린이집 선생님과 아이 눈치를 볼 때.

사실상 아쉬운 포지션에 있는 건 나니까, 맞다. 그게 현실이다.

그럼에도 불구하고, '정'으로 살아온 약 1년의 시간 동안 나는 꽤나 단단해졌다. 그리고 지금 내 선택에 나름 만족한다. 비록 완벽하지는 않더라도 엄마로서, 직장인으로서 병행 가능한 선택지가 있음에 감사한다.

결론적으로 나는 육아도, 일도 포기하지 않았다.

관련 회사 규정이나 정부 법률에 대해서도 꽤나 빠삭하게 알게 됐다. 또 이렇게 글도 쓰게 되었다.

비록 복직 후 1년이라는 시간 동안 나 잘난 맛에 살았던 '갑'에서 여기저기 눈치 보는 '정'으로 신분은 하락했다. 하지만 결론적으로 내가 원하는 바를 포기했는가?

아니다. 결국은 한정된 선택지 안에서 최대한 내가 원하는 방향으로 살고 있다. 그러니까 나는 여전히 내 인생에 있어 '갑'인 셈이다.

뻔한 말이지만, 진짜 진짜로 결국은 다 지나간다.

순간순간의 고비를 넘기면 내가 넘긴 언덕이 내가 비빌 언덕이 돼 있을 거다. 좌절의 순간마다 머리 아프게 고민한 선택장애의 내가, 웬만한 좌절엔 내공이 생긴 회복탄력성 고수로 성장할 것이다.

그러니 세상의 모든 육아하는 직장인들, 포기하지 말기를.

그 어떤 선택지에도 포기만 하지 않으면, 내가 남들 눈에 을인지 병인지 정인지는 중요하지 않다.

포기하지 않는 한 나는 결국 '갑'이다.

말이 씨앗이 되다
달에 쏘아 올린 로켓

말이 씨가 된다고 했던가? 내 말이 진짜 씨앗이 됐다.

이 씨앗은 미래에 대한 긍정의 기운을 품고 있지만 그 씨앗을 키우는 건 결국 내 몫. 내 말이 내 씨앗이 된 이야기는 이렇다.

문이 닫히면 창문이 열린다!

나의 두 번째 육아기 단축근무 기간 종료를 앞두고 있는 3월이었다. 두 번째 도우미 선생님이 그만두신 후, 4개월 단축근무를 신청했는데 결국 3개월 단축근무를 연장했다. 복직 후 약 10개월의 기간 동안 단축근무를 했고, 지난해 원천징수영수증 기준 약 1천만 원 정도의 월급을 자진 반납했다.

4월부터는 등하원 도우미 선생님이 다시 필요했기에 3월부터 미리 면접을 통해 구한 이모님과 적응기를 가졌다. 이 과정에서 내게 두 가지 스트레스가 발생했다.

첫 번째, 매일 또 울고불고하면서 출근길을 시작해야 한다는 것. 아이는 여전히 엄마가 출근할 때마다 도우미 선생님을 거부하며 울어댔다.

두 번째, 내 아이를 맡기는 도우미 선생님은 내가 돈을 드리면서도 눈치를 봐야 할 존재였다. 내가 모셔야 할 상관이 한 명 더 생기는 셈이므로 대인관계에서 오는 긴장도가 높아졌다. 집안 곳곳 설치된 3대의 CCTV도 다시 가동.

그렇게 육아기 단축근무라는 문이 닫히는 순간이었다.

육아기 단축근무는 최대 1년까지 쓸 수 있으니 어차피 예정된 수순이긴 했다. 그나마 하나 희망이 있었다면, 육아시간 특별휴가라는 새로운 제도. 작년 말부터 노사협의회를 통해 안건으로 상부됐지만 이사회와 담당 공무원 부서와 협의하는 등의 절차가 필요한 터라 언제 시행될지는 알 수 없었다. 그리고 담당자가 누구냐에 따라 내부 도입 시기가 정해지다 보니 실제로 쓸 수 있는 시기는 더 멀게 느껴졌다.

그런데, 3월 1일부터 조직개편이 단행돼 육아시간 특별휴가 관련업무 담당부서가 일괄 변경됐다. 내가 속한 우리부서로. 그리고 3월 중순쯤 해당 안건을 상부한 이사회가 열렸고, 이에 대한 상위 담당부서의 '확정통보' 공문만 오면 제도 도입이 가능해졌다.

문이 닫혔다고 생각할 때, 숨 쉴 창문이 열린다더니.
새로 도입된 육아시간은 기존의 육아기 단축근무와 달리 무급이 아닌 유급제도였으니 오히려 문보다도 더 큰 창문이 열린 셈이었다.

네 말이 내 귀에 들린 그대로 이루어지리라

자, 그럼 이걸 누구의 손을 통해 도입할 것인가. 나는 감감무소식인 이사회 결과를 기다리며 이렇게 생각했다.

> **"**
> 차라리 내가 담당자면 당장 준비할 텐데.
> 나보다 이 제도가 간절하고,
> 또 관련 내용을 잘 아는 사람이 없을 거야.
> **"**

그리고 마침내, 나는 내뱉었다.
"어차피 저희 부서 소관 업무이니 내부 방침은 제가 맡겠습니다."

나는 그간 쌓아온 경험과 정보를 밑천으로 일사천리로 방침결재를 맡았다. 그리고 그간의 노무사 자문 결과 등까지 합해 기존 제도의 문제점도 바로잡았다. 내 오랜 고민이자 숙원사업을 스스로 해결한 셈이다.

하지만, 내부 방침 결재와 수요 조사까지 마쳤건만 3월 마지막 주 금요일 오전까지 새로운 제도에 대한 확정 공문이 오지 않은 상태였다. 나는 결국 담당 공무원에게 3번 정도 연달아 전화를 걸어 퇴근시간쯤 겨우 공문을 받을 수 있었다.

목마른 자가 우물을 파고, 두드리는 자에게 문이 열리고, 뜻이 있는 자에게 길이 있는 것.
내가 담당자가 됐으니 골치 아픈 고민도 더 많아졌고 업무량도 늘어난 게 맞다. 다만 문제를 바로 잡고, 시행하는 권한이 일차적으로 내게 주어졌으니 멀리서 답답함만 안은 채 눈치 볼 일은 줄었다.

올 초 읽은 책의 문구가 떠올랐다.

> **"**
> 달에 로켓을 쏘아 올릴 때 가장 필요한 건 뭔가요?
> 의지입니다. 해내겠다는.
> **"**

한 우주 공학자를 인터뷰한 기사에 관한 글이었는데 달에 로켓을 쏘아 올리는 비결은 최첨단 기술이 아닌 사람의 의지였다.

또한 달에 로켓을 가장 잘 쏘아 올릴 수 있는 사람은 성공했든 실패했든 가장 많이 달에 로켓을 쏘는 시도를 해본 기술자다.

내가 워킹맘으로 여러 방법을 써보며 느낀 건, '경험을 이기는 지혜는 없다' 는 것이다.

내 의지가 내 말을 씨앗으로 만들었고, 내 경험이 그 씨앗의 발화를 도왔다.

육아시간

(지방공무원 복무에 관한 예규_행정안전부)

만 5세 이하의 자녀를 가진 공무원 혹은 공공기관 직원(회사마다 다름)은 24개월 범위에서 1일 2시간의 육아시간을 받을 수 있다. 이 제도의 자녀 대상연령 또한 점차 확대되는 추세이다.

육아시간 사용 시 하루 최소 근무시간은 4시간 이상, 최소 근무시간을 충족하지 못한 육아시간은 연가로 처리된다. 24개월은 월 단위로 지정하되 사용에 대한 신청 및 승인은 일 또는 주 단위로 할 수 있다. 다만 육아시간 관련 내부제도는 지자체 공무원 조례나 기관마다 다를 수 있다.

똑똑똑, 있나요?
네, (버티고) 있습니다.

강지영 아나운서가 유퀴즈에 나온 걸 봤다. 그녀에 대한 사전 정보가 없던 터라, 그저 모두가 선망하는 아나운서라는 직업을 가진 단독 뉴스앵커라는 성공한 커리어우먼이라 생각했다. 그런데 그녀가 인터 뷰 한 임지연 배우 이야기를 하며 울먹였다.

"전 정말 간절했거든요."

임지연 배우가 인터뷰 중 던진 한마디에, 함께 와르르 무너져 울컥 했다는 강지영 아나운서.

그녀도 간절했던 시절이 있었단다.

"매일 못한다, 제일 못한다, 네가 제일 못한다는 이야기를 들었어요. 제 목소리를 스스로 못 들어줄 정도로 자존감은 바닥이었죠."

그녀의 말에 유재석 님이 물었다.

"그때의 자신에게 한마디 해준다면 뭐라고 해주실까요?"

"버텨! 버티면 돼. 그거밖에 없어. 버티면 기회가 올 거야."

그녀의 대답에 유재석 님이 덧붙였다.

> **"**
>
> 비바람이 몰아쳐도 버텨야 돼요.
>
> 남들이 돌을 던지면 맞으면서 버텨야 돼요.
>
> 못 버티고 넘어지면, 진짜 거기가 끝이에요.
>
> **"**

나도 울컥했다.

그리고 며칠 전 친정엄마와 주고받은 톡이 떠올랐다.

어찌 알았는지(엄마들은 정말 천재적 감을 타고난다) 내가 우리 회사의 혁신적 근무 제도에 대한 보도 자료를 배포한 날, 엄마에게 아침부터 연락이 왔다.

아이는 어떻게 돌보고 있는지, 회사는 괜찮은지 등의 안부 연락.

나는 마침 기사가 난 링크를 보여주며 초등학교 2학년 때까지는 아마도 내가 아이를 직접 케어하며 회사를 다닐 수 있을 것 같다고 말했다.

정말 잘됐다는 엄마에게 내가 남긴 메시지.

"그러게. 그냥 버티다 보니 길이 생기네."

처음에는 일과 가정을 병행하며 내가 원하는 선택지가 없음에 좌절했다. 나와 비슷한 처지의 지인들에게도 욕심을 접으라고 했다. 아이를 키우고 회사를 다니면서 내 성에 차는 선택을 하는 건 욕심이라고. 하지만 그렇게 말하면서도 약간의 피해의식이 있었던 것 같다. 아니, 왜! 내가, 왜! 하는 심연의 피해의식.

나와 같은 지금 30~40대 워킹맘들은 여자라서 양보하거나 피해 본 경험이 많지 않은 세대다.

여러 분야에서 남성을 뛰어넘는 기록을 세운 알파걸 세대기도 하다. 그러니 아이를 낳고, 일을 하면서 경험하는 불평등과 부당함이 더 큰 충격과 공포로 다가왔을지 모른다.

하지만 우리는 길을 스스로 찾아낼 수 있는 세대이기도 하다.

우리는 높아지는 학업 경쟁, 취업 경쟁을 겪어온 세대다.

또한 결혼하고 애 낳기 힘든 시대에 그 힘든 걸 다 해내고 있는 존재이기도 하다.

우리는 우리가 선택한 길에 책임질 줄 아는 세대다.

우리는 죽을 때까지 엄마지만, 여전히 목구멍이 포도청인 직장인이기 때문이다.

직장인과 엄마만큼 책임감이 높은 포지션이 또 있을까?

이 두 가지를 겸업(?)하면 책임감은 배가 된다.

최근 나조차 어렴풋이 생각만 하고 감히 입 밖으로 내지 못한 파격적 근무 형태가 공문으로 하달됐다.

바로, '4·6·1 육아응원근무제'다.

의무는 아니고, 권고사항이다. 담당 공무원 확인 결과 곧 도입현황에 대한 조사도 순차적으로 이뤄질 예정이란다. 그렇다면 도입은 시간문제이기에, 우리 회사는 기왕 할 거 '최초' 타이틀을 따며 선제적으로 도입하자는 입장이었다.

관련 보도자료를 쓰고, 노사공동선언식 사진을 찍고, 기자의 질문에 답하며 나는 정말 실감했다.

절실하니까 버틸 수 있고, 버티다 보면 반드시 기회가 온다.

버티는 것 외에 다른 방도가 없다고 좌절하기보다는, 버틸 수 있는 체력과 정신력이 존재함에 감사하는 게 낫다. 정말 방도가 없는 건 버티는 것조차 포기하는 때이다.

버티자. 버티다 보면 기회가 온다.

매일 변함없이 버티기만 하는 것 같은 당신의 오늘이 변화의 씨앗이 된다.

4·6·1 육아응원근무제

경기도는 저출생 시대 일과 가정의 양립을 위한 '4·6·1 육아응원근무제'를 2024년 도입 및 실시했다. 이 제도는 경기도 공무원들을 대상으로 우선적으로 적용된다. 주 4일 근무, 1일 6간 근무(2시간 단축근무), 주1일 재택근무를 핵심으로 한다.

해당 제도가 사기업 및 중소기업 등에까지 확산되는 것은 꽤 오랜 시간이 걸릴 것이다.

하지만 옛날에는 '되겠어?' 싶었던 제도들이 이제는 공공기관을 시작으로 확산되고 있다는 사실만큼은 유의미한 것이다. 결국 시간이 걸리더라도 저출생 시대 일과 가정의 양립이라는 대전제는 바뀌지 않을 것이므로 미래지향적 방향임은 분명한 제도다.

워킹맘 죄책감 프레임 깨기
엄마가 복직하자마자 아이는 아프다

<선생님 안녕하세요. 내일 얼굴 뵙고 인사드려야 하는데, 아이가 감기에 심하게 걸려서 아무래도 이틀간 가정 보육하는 게 나을 것 같습니다. 첫 신학기 적응 기간일 텐데 너무 아쉬워요…. 곧 더 건강한 모습으로 선생님과 새 친구들 만나면 좋겠어요!>

2023년 3월 1일 키즈노트에 적은 알림장이다.

3월의 첫 출근일 나는 휴가를 쓰고 출근 하지 못했고, 그 후에도 한 달에 한 번씩은 가정보육에 당첨됐다.
내가 육아휴직을 끝내고 복직한 게 2022년 12월 2일이니, 이때는 내가 복직하고 약 3개월 차 됐을 때의 상황. 복직 후 근심과 수심이 가득한 얼굴로 어린이집에 등하원을 할 때 어린이집 원장선생님이 나를 보고 말했다.

"어머니, 복직하셨죠? 아이들이 기가 막히게 엄마 복직할 때를 알아서 그때부터 아파요. 그래도 너무 걱정하지 마셔요~ 적응하느라 그런 거니까 크면서 조금씩 나아질 거예요!"

정말 그렇다.
엄마가 복직하자마자 아이는 아프다.
엄마는 회사에 다시 적응하느라고 바쁘고, 아이도 어린이집에 적응하느라고 바쁘다.
엄마는 바빠도 어른이기에 면역력과 맷집(?)으로 이겨내지만, 아이는 면역력도 없고 맷집도 없어 아프다. 그때부터 일하는 엄마의 뇌 속에선 아이와 일이라는 두 개의 폴더가 끊임없이 열리고 닫힌다.

내가 다음 Daum 의 브런치 brunch 플랫폼에 써둔 작가 소개를 보면 이렇다. <제시간에 출근하고 퇴근하는 게 소원인 워킹맘, 고된 육아 속에 필라테스하는 게 낙인 운동녀. 그리고 죽을 때까지 내가 나로 살아가기 위해 글을 쓰는 작가 지망생>

당시 나는 제시간에 출퇴근하는 게 소원인 워킹맘이었기에 작가 소개에도 이렇게 적어두었던 것 같다. 물론 아직 이러한 상황이 바뀌진 않았다. 하지만 이 글을 쓰는 지금(복직 3년 차)은 중도 퇴근하거나 갑작스러운 휴가를 쓰는 일이 많이 줄었다.

하지만 복직하고 3개월에서 6개월, 길게는 1년까지는 비상근무태세를 갖춰야 한다. 누군가 나에게 원래 그런 거라고, 힘들지만 지나갈 거라고 말해줬다면 그때 그렇게 안달복달하지 않았을지도 모르겠다.

이때는 나와 같은 워킹맘들의 이야기들이 참 위로가 됐다. '나만 그런 게 아니구나' 하는 위안.
우리 아이 어린이집에 다니는 한 워킹맘은 회사가 차로 1시간 이상 거리라 정부지원 도우미 선생님이 등하원을 맡아줬다. 그녀에겐 연년생 남매가 있었는데 큰애가 유독 자주 아팠다. 그리고 두 아이 중 누구 하나라도 병에 걸리면, 다른 아이도 연달아 아프기 시작하니 그녀에겐 남아나는 연차가 없었다. 어느 해 가을, 아마도 추석쯤이었던 것 같다. 당시 수족구가 유행하여 그녀는 거의 2주간 휴가를 쓰게 됐는데, 그녀가 하는 말인즉슨
"추석에, 휴가에 다 빼고 나니까 9월 한 달 간 겨우 일주일쯤 출근했더라고요. 하하하⋯⋯."

그녀의 웃픈 말에 나는 공감하고, 위로받았다. 또한 그 말이 남 일 같지 않았다. 하지만 그녀의 아이들은 밝고, 건강했다. 그리고 엄마도 본인의 웃픈 상황을 툭 털어놓을 수 있을 정도로 건강한 인성을 가진 사람이었다.

엄마들은 내가 일을 해서 아이가 아픈가, 내가 아이를 기관에 너무 오래 놔둬서 빨리 안 낫나 등 별의별 생각을 다 한다.
한번 지구를 떠난 엄마의 근심 걱정 로켓은 우주 블랙홀에 빠져 돌아올 생각을 하지 못한다.
그만큼 엄마들은 걱정이 많다.
그런데 일하는 엄마들은 걱정이 더 많다.

나는 일주일에 한 번씩 출석 도장 찍던 소아과 의사 선생님에게도 애꿎은 하소연을 한 적이 있다.
"애가 왜 이렇게 자주 아픈지 모르겠어요.
영양제 같은 거라도 먹으면 좋을까요?"
선생님은 무심한 표정으로 대답했다.
"자주 아픈 거 아니에요. 원래 이 정도 아파요.
각자 약한 부위가 있어요.
코감기 자주 걸리는 애, 목감기 자주 걸리는 애.

영양제 먹이는 건 엄마 선택이지만, 그냥 잘 먹고 잘 자는 게 기본이에요."

그때는 무심한 의사 선생님이 얄미웠지만, 나도 그게 정답임을 알고는 있었다. 다만 나는 당시 상황이 너무 우울했고, 어떤 동아줄이라도 붙잡고 싶었던 것 같다.

실제로 2022년 한규만 고려대학교 정신건강의학과 교수팀의 연구 결과에 따르면 '일과 가정에서의 갈등으로 인한 우울증' 위험이 20~30대 워킹맘 근로자의 경우 3.78배 높은 것으로 나타났다. 그만큼 그녀들이 일과 가정에서의 갈등을 겪는 빈도가 높다는 말이다. 이는 개인의 문제만은 아니고 제도적으로 해결해야 할 문제다. 하지만, 개인의 노력도 필요하다. 마음가짐의 노력.

신의진 교수는 『대한민국에서 워킹맘으로 산다는 것』이란 책에서 이렇게 말했다.

> "
> 당신이 회사에 나가든 안 나가든, 애는 아픕니다.
> 애가 아픈 건 바이러스 때문이지, 일하는 엄마 때문이 아닙니다.
> 엄마는 바이러스가 아니니까. 엄마가 열심히 사는 모습,
> 그 자체가 아이에게는 살아있는 교육입니다.
> "

엄마는 바이러스가 아니다.

아이가 아픈 건 바이러스 탓이다.

그러므로 아이가 아픈 건 엄마 탓이 아니다.

나는 워킹맘이자, 아이에게 살아있는 교육자로 매일 출퇴근한다….

라고 나는 생각을 정리했다.

나는 이 책의 문장을 매일 되새겼다.

아이가 아플 때면 눈물 젖은 출퇴근 바람 속에서 내게 동아줄이 됐던 문장이다. 이와 동시에 이러한 일이 있을 때는 쓸 수 있는 모든 제도를 면밀히 살펴보고 사용해야 한다.

한국여성정책연구원의 미성년 자녀를 둔 여성관리자를 대상으로 한 「가사 및 돌봄 노동시간과 일·가족 양립 간 상관관계」 연구결과를 살펴보니, 근로시간 유연성이 높아 돌봄 노동시간이 증가하면 일과 가족의 갈등이 줄어드는 것으로 나타났다.

일·가족 갈등은 직장에서의 역할과 가족에게 기대받는 역할에 대한 요구가 균형을 이루지 못할 때 발생하는 갈등이다. 그런데 근로시간이 유연할수록 상대적으로 돌봄 노동시간이 증가하면서 갈등 감소 효과가 커진 것이다.

워킹맘의 안녕은 결국 개인의 마음가짐과 사회적 제도의 사용감 양쪽 모두의 도움이 필요한 일이다.

1995년 심리학자 주디스 리치 해리스는 기존의 고정관념을 깨는 '양육가설' 이라는 이론을 만들었다. 과거에는 어린 나이의 자녀를 어린이집에 맡기고 부모가 직접 아이를 양육하지 못하면 부모가 양육한 아이들에 비해 문제아가 될 확률이 높다는 게 보편적 믿음이었다. 하지만 해리스는 자식의 잘못은 부모 탓이 아님을 주장했다. 해리스의 연구 결과는 "우리가 아이들을 원하는 대로 길러낼 수 있다는 생각은 환상에 불과"하며 "아이들을 완벽한 존재로 기르는 것도, 아이를 망치는 것도 불가능하다"는 결론에 이르렀다.

물론 어떤 연구 결과도 절대적이진 않다. 어떤 연구 결과를 믿고 적용할지는 개인의 선택의 문제다. 하지만 아이를 바라보는 건 부모의 눈이고, 아이와 자신을 믿는 건 부모의 마음이다. 아이를 불안과 우울의 색안경으로 볼지, 긍정과 희망의 돋보기로 볼지를 선택해야 한다.

워킹맘의 죄책감 프레임은 어쩌면 우리가 스스로에게 끼워둔 색안경일 수 있다.

워킹맘 희소식 뉴스

하버드 비즈니스스쿨의 캐슬린 맥긴 교수 외 2인의 연구논문이 자주 회자된다. 이 연구는 29개국, 10만 명 넘는 18세 이상 성인 남녀를 대상으로 진행된 글로벌 설문조사로, 연구 주제는 워킹맘이 딸과 아들에게 미치는 영향이다. 연구 결과 워킹맘에게 성장한 딸들은 전업주부 엄마에게서 자란 딸들보다 고용 확률이 1.2배 높았다. 또한 직장에서 타인을 관리 감독하는 확률도 약 1.3배 우위에 있었다.

반면 워킹맘의 아들들은 고용 면에서 큰 영향이 드러나지 않았다. 다만, 워킹맘이 키운 아들들이 전업주부가 키운 아들보다 가족들을 위해 매주 투자하는 시간이 50분 더 많았다.

또한 삶의 행복도 측면에서도 워킹맘과 전업주부 자녀 간에는 차이가 나타나지 않았다.

김현철(홍콩과학기술대 경제학 및 정책학과) 교수의 시사인[1] 기사를 통해서 여러 육아 관련 정책의 유의미한 효과도 알아볼 수 있다. 물론 모든 연구에는 조사자와 환경의 변수가 존재하므로 절대적으로 받아들이기보다는 그저 참고만 하길 바란다.

오스트리아 정부는 1990년 7월 1일생부터 육아휴직을 12개월에서 24개월로 연장했는데, 대상자들이 15세가 된 후 학업성취도 평가 점수를 추적했다(Danzer and Lavy, 2018)[2]. 그 결과 대졸 이상 엄마들의 자녀 시험 점수에는 육아휴직 연장이 긍정적인 영향을 줬다고 한다.

---

1) https://www.sisain.co.kr/news/articleView.html?idxno=47627
2) *Danzer, Natalia, and Victor Lavy. "Paid parental leave and children's schooling outcomes." The Economic Journal 128.608 (2018): 81–117.

노르웨이의 연구(Carneiro et al, 2015)[3] 역시 유사한데, 노르웨이 정부가 1977년 7월 1일생의 엄마부터 유급휴가 4개월을 추가해 주었다. 시간이 지나 분석해 보니, 유급휴가의 혜택을 받은 엄마의 자녀들이 고등학교를 중퇴한 비율은 2% 감소했고, 이들의 30세 때 소득은 5% 증가했다고 한다.

3) Carneiro, Pedro, Katrine V. Løken, and Kjell G. Salvanes. "A flying start? Maternity leave benefits and long-run outcomes of children." Journal of Political Economy 123.2 (2015): 365-412.

가족친화경영 담당자입니다
비장의 카드로 쓸 수 있는 내용

현재 직장의 가족친화경영 담당자로서 일과 가정, 일과 생활의 양립
에 힘쓰고 있다. 사적인 욕심 반, 공적인 책임 반으로 열심히 일하다
보니 '양성평등 유공표창'을 받기도 했다.
또한 저출생 시대 일과 가정의 양립 우수기관으로 선정돼, 우수사례
발표를 하는 영광의 순간도 맞았다.

'인생이 레몬을 주면 레모네이드를 만들라'라는 말을 리얼하게 체
감했다. 내가 넘은 언덕들이 이제는 정말 내가 기댈 언덕으로 인정
받은 것 같았다.

그래서 나의 그 언덕들이 나와 같은 워킹맘, 워킹대디들에게도 기댈 수 있는 언덕이 되어줬으면 했다. 이 마음이 내가 이 책을 쓰게 된 계기다. 특히나 일과 육아라는 전쟁터에서 구호나 말뿐이 아닌 비장의 카드로 쓸 수 있는 내용을 최대한 정리해봤다.

무엇보다 복직 이후에는 '단축근무'를 쓸 수 있는 여건이 절대적으로 필요하다. 2024년 5월 저출산·고령사회위원회의 '결혼·출산·양육 인식조사' 결과를 보면, 맞벌이 부모들은 일·가정 양립을 위해 육아시간 확보가 가장 필요하다고 응답했다. 법률적으로 보장된 '육아기단축근무' 외에도 공무원이나 공기업을 중심으로 '육아시간제(단축근무)' 등이 도입되고 있으니 이런 제도가 하루빨리 보편화되길 바란다.

육아기 단축근무는 근로자가 근무시간을 단축한 만큼 월급이 삭감되고 일부 정부에서 보전금을 지원해주는 형태. 반면 육아시간제(육아기 특별휴가)는 유급으로 월급을 그대로 보장해준다.

시기	법률 또는 제도
육아휴직이 필요할 때 **(육아휴직 급여)**	① 임신 중인 여성 근로자이거나, 만 8세 이하 또는 초등학교 2학년 이하의 자녀를 가진 근로자 신청 가능 ② 육아휴직 개시 예정일의 30일 전까지 사업주에게 육아휴직 신청서를 제출 ③ 육아휴직 급여는 육아휴직 개시 후 1개월이 경과한 시점부터 끝난 날 이후 12개월 이내까지 매월 단위로 신청 *육아휴직 급여는 얼마나 받을 수 있나? 　– 1년간 월 통상임금의 80%(첫 3개월 상한액 250만 원, 4~7개월 200만 원, 7개월 이후 160만 원). 　– 육아휴직 기간은 근속 기간에 포함, 퇴직금 산정 기간에도 포함.
육아휴직 **연장이 필요할 때**	'임신 중' 육아휴직은 횟수 제한 없이 분할 사용 가능, '출산 후' 육아휴직 기간은 출생한 자녀를 대상으로 총 3회에 한정하여 분할 사용 가능
어린이집 **연장반을 신청할 때**	① 만 0~5세 아동 대상, 16:00~19:30분까지의 연장반 지원(개인 부담 없음). ② 만 0~2세 연장반은 아래 조건을 증빙해야 하고, 만 3~4세는 별도 증빙 필요 없음. 　*만 0~2세 조건 : 맞벌이 부부나 구직, 학업 중인 경우. 한부모가구나 저소득층. 임신이나 유산 또는 다자녀 양육. 기타 돌봄이 필요한 경우.
육아기 단축근무를 **해야 할 때**	① 초등학교 6학년 이하의 자녀를 가진 근로자 신청 가능(최소 사용단위 1개월, 주당 15~35시간 이내) ② 자녀 1명당 육아휴직+육아기 근로시간 단축기간 포함 총 3년 사용 가능 *육아기 단축근무 급여? 매주 최초 10시간은 통상임금의 100%(월 상한액 200만 원), 나머지 근로시간 단축분은 통상임금의 80% (상한액 150만 원, 하한액 50만 원) 고용보험사이트 모성보호 모의계산 이용 가능

1. 육아휴직 : 회사(사업주)에 신청
2. 육아휴직급여 : 회사가 육아휴직 신고 후 개인이 고용보험
    누리집(고용24)에서 육아휴직 급여 신청

1. 연장신청 : 회사에 신청
2. 연장에 따른 급여 : 고용24에 신청

1. 복지로 누리집 (어린이집 보육료) 신청
2. 증빙서류 제출 (재직증명서, 임신확인서 등)

1. 단축신청 : 회사(사업주)에 신청
2. 단축급여 : 회사가 단축근무 등록 후 개인이 고용24에서 단축급여 신청

시기	법률 또는 제도
정부지원도우미를 구할 때	① 부모의 맞벌이 등의 사유로 양육공백이 발생한 가정의 만 12세 이하 아동을 대상으로 함 ② 이용요금은 서비스 종류 및 정부지원 유형(부모의 소득합산)에 따라 정부지원금과 본인부담금을 차등 적용
가족돌봄휴가를 써야할 때	① 조부모, 부모, 배우자, 배우자의 부모, 자녀 또는 손자녀의 질병, 사고, 노령 또는 자녀의 양육으로 인하여 긴급하게 그 가족을 돌보기 위한 휴가 ② 최장 10일로 하며, 일 단위로 나누어 사용 가능. 근속기간엔 포함되지만, 무급임(단, 사규에 따라 일부 유급인 회사도 있음)
육아기 단축근무 중 시간 외 근무(야근)이 요구될 때	사업주는 육아기 근로시간 단축을 하고 있는 근로자에게 단축된 근로시간 외에 연장근로를 요구할 수 없음. 다만 근로자가 명시적으로 청구하는 경우에는 사업주는 주 12시간 이내에서 연장근로 가능
부당한 처우나 지시에 고민될 때	근로기준법이나 남녀고용평등법 위반의 사례가 발생할 경우 고용노동부 상담전화 1350 또는 지역 내 고용평등상담실 이용
일과 생활/가정의 양립에 관해 건의할 때	한국건강가정진흥원의 가족친화컨설팅 등 문의

아이돌봄서비스 : 누리집 또는 앱

회사(사업주)에 신청
 *돌보는 대상인 가족의 성명 · 생년월일 등 제출

※ 이 밖에 자세한 사항은 '남녀고용평등법'이나 '근로기준법' 등을 통해 알 수 있다.

chapter 04

육아하는 직장인입니다

- 태도편 -

퇴근의 태도
칼퇴와 정퇴 사이

목구멍이 포도청이니까 vs. 소중한 나의 일터니까

출근을 대하는 당신의 태도는 무엇인가.

나는 중간 즈음에 있는 듯하다.

목구멍이 포도청이니까 매일 아무 생각 없이 출근하는 건 맞지만, 이때 생각 없이 출근한다는 건 습관화 되어 그냥 한다는 거지 억지로 끌려간다는 의미는 아니다. 물론 내가 연금복권에 당첨돼 매달 월급이 꼬박꼬박 들어온다면 다시 생각해보겠지만.

나는 나의 사회적 자아, 그리고 일하는 엄마로서 나름의 프라이드를 갖고 출근한다.

지금의 내 상황을 100% 내가 만든 건 아니지만, 지금의 내 마음의 99% 정도는 내가 만들 수 있다. 아마 나뿐 아닌 많은 일하는 직장인들이 한 번쯤은 '출근하는 태도'에 대해 생각해봤을 것이다.

반면, 퇴근의 태도는 어떨까.
스스로 퇴근의 태도에 대해 생각해본 적이 있을까.
나는 입사 이래 가급적, 그러니까 꼭 야근을 해야 하는 상황이 아니면, 정시 퇴근을 지향해왔다.
나는 거의 '정시에 퇴근하는 인간'이다.
아니, 얼마 전까진 '칼퇴하는 인간'이었다. 최근엔 조금 더 배운 노동자로서 정시 퇴근이 바른 용어임을 배우고, 사용한다. 내가 이 정퇴를 선택한 이유는 크게 두 가지다.

한 가지는 아이를 낳기 전의 내 마음에서 기인됐는데, 정시 퇴근이 우리 회사의 최고의 복지라고 생각해서다. 연봉, 자아성취, 워라밸 정도가 근로환경의 중요한 요소라고 생각하는데 우리 회사는 연봉, 자아성취는 크게 얻을 수 없는 반면에 약간의 노력을 기울이면 워라밸은 지킬 수 있기 때문이다.

내가 입사할 때쯤 회사의 초봉은 내 두 눈을 의심할 만큼 낮았다. 4년제 대학을 나와서 받는 월급이 과외 3건만 해도 될 만큼의 액수였다. 그마저도 신입 때는 직급이 낮은 만큼 시간 외 근무를 월 45시간씩 해야 회사에서 받는 돈을 '월급'이라 포장할 수 있었다. 그래서 시간 외 근무를 45시간을 했고, 그 시간만으로도 야근은 충분했다. 그러다 점차 이 시간 외 근무의 '가치'가 퇴색되기 시작했고, 실제로 시간외수당을 받는 시간 자체도 줄어들었다.

물론 매일 야근을 할 만큼 일이 많다거나(물론 그런 때도 있지만) 매일 야근을 한 만큼 성과가 오르고 그에 따른 보상이 있었다면 나는 다른 루트를 선택했을 수도 있다. 하지만 아니었다. 그래서 나는 내가 맡은 바 일을 효율적으로 하는 걸 택했고, 역량 덕분인지 운 덕분인지 정시 퇴근을 지향하는 사회생활 속에서 승진이나 평가에서 부정적 피드백을 받지 않았다. 물론 윗분들의 입장에서는 거의 매일 정시 퇴근하는 직원이 마냥 예쁘지만은 않았을 것이다.

모름지기 사람 일은 인지상정이므로.
그리고 회사는 인지상정이 생각보다 중요한 공간이니까. 그러나 나는 이 인지상정으로 손해 보는 유·무형의 피해를 감수하겠다는 마음으로 지내왔다. 그리고 내가 입사 15년 차가 된 후 느낀 건, 퇴근

시간보다 중요한 건 퇴근 시간까지의 태도라는 거다. 처음부터 야근을 하겠다는 태도를 갖고 있으면 당연히 야근은 습관이 된다. 물론 여전히 야근이 근무 평가나 평판의 기준이 된다고 믿는 사람은 존재한다. 어떤 믿음을 갖고 사는지는 선택의 문제다.(나는 거북목과 척추협착증 등을 강화시키는 이 믿음을 추천하진 않는다.)

두 번째로 내가 정시 퇴근을 1초의 고민도 없이 하게 된 건, 육아기 단축근무를 하면서부터다. 하루 8시간의 정규근무도 하기 힘든 상황이기에 단축근무를 신청하는 건데 정시 퇴근은 당연한 결과다. 하지만 이건 내 머릿속의 논리고, 다른 사람들 입장에선 6시도 아닌 4시에 칼같이 퇴근하는 나의 뒷모습이 마냥 고와 보이지 않을 수 있다.

실제로 이 단축근무 기간 동안 "일이 적어서 칼퇴하는 거 아니냐"는 이야기를 건너 듣기도 했다.
솔직히 눈치를 아예 보지 않았다는 건 거짓말이다. 그리고 우리 팀이 우연인지 필연인지 팀 평가에서도 좋은 점수를 받자 온갖 뒷말들이 나오기 시작했다.

"팀이 일한 거에 비해 평가를 후하게 받았네."
"직원들이 칼퇴하는 거 같은데 업무가 널널한 거 아닌가." 등등.

'칼퇴'는 '칼같이 퇴근함'을 의미하고, '정퇴'는 '정시에 퇴근함'을 의미한다. '칼같이'는 '한 치의 오차도 없이'라는 묘사가 들어가 있는 주관적 단어이지만 '정시에'는 말 그대로 정시(定時)라는 객관적 정보만을 갖고 있는 단어다.

언젠가 8시 출근해서 5시에 퇴근하는 게 당연한 탄력근무를 하는데도 불구하고, 6시 퇴근하는 팀장과 다른 팀원들 눈치를 매일 본다는 회사 동료에게 한 말이 있다.

"

눈치도 사치야

1분이든 5분이든

내 시간을 그냥 흘려보내도 되는 자의 사치

"

좀 매정하게 말했지만, 사실이었다. 하는 일 없이 누군가의 눈치를 보며 흘려보낼 시간적 여유가 있고, 그 시간을 그렇게 보내는 게 편하다면 누가 뭐라고 할 것인가. 하지만 나는 그런 시간적 여유가 없고, 있다 해도 그러고 싶은 마음은 존재하지 않았다.

정답은 없다.

누구나 처해있는 상황과 중요하게 여기는 가치가 다르니까.

하지만 누구나 출근하므로, 출근하는 태도에 대해 생각해봄이 좋듯 누구나 퇴근하므로, 퇴근하는 태도에 대해서도 생각해보길 바란다.

최근 야근이 습관이 된 거 같다는 후배에게 꼭 해주고 싶은 말이 있다. (그녀의 말대로, 야근은 무의식적인 습관이 맞다.)

"일어나고, 눈뜨면 출근하는 게 당연하잖아요. 그냥 가는 거죠 회사로. 근데 왜 퇴근은 안 그래요? 퇴근할 시간이 되고, 컴퓨터 끄면 퇴근하는 게 당연하잖아요. 그냥 가는 거예요. 집으로."

"내일 뵙겠습니다."

또렷이 말하고, 뒤도 돌아보지 말고 나가길 바란다.

그게 장기적인 근속생활에 유익하다.

오늘도, 모두의 정시 퇴근을 기원한다.

우리는 내일 또 출근할 거니까!

경험과 비경험 사이의 언어
인간에겐 세 가지 뇌의 영역이 있다

본능의 뇌(뇌간), 감정의 뇌(변연계), 이성의 뇌(대뇌피질).
뇌간은 파충류도 갖고 있는 뇌이고, 변연계는 포유류들이 갖고 있는
뇌다. 인간만이 대뇌피질이라는 이성의 뇌까지 가지고 있다.

회사에서 본능의 언어를 쓸 순 없다. 대뇌피질이라는 이성의 필터링
을 거쳐 말이 나온다. 그러나 가끔, 경험의 차이나 관심의 차이로 인
해 필터링이 없는 언사가 오갈 때가 있다.

나는 경험과 비경험 사이의 언어에서 그 순간을 경험한다.
이를테면 이런 거다.

(육아휴직 후 복직한 여성 직원에게)
"잘 쉬다 왔어요?"

문장 자체만 보면 친절한 관심의 표현처럼 느껴지지만, 상황을 함께 보면 그렇지 않다.

발화자는 '육아휴직 = 휴가' 라고 생각했기 때문이다.
육아휴직은 법적으로 근무시간과 유사하게 적용되어, 근로법상으로도 휴직기간이 근속연수에 포함된다. 따라서 1년의 유급휴직기에는 급여도 나온다. 발화자인 그는 육아휴직을 사용했거나, 아주 밀접하게 간접 경험한 사람이 아니었기에 이런 말을 했을 것이다. 그는 육아휴직(육휴)의 개념이나 육휴를 써야 하는 상황에 대해 한 번도 진지하게 고민해본 적이 없는 사람이다.
그의 의도가 나빴던 건지, 별생각 없었던 건지는 중요하지 않다.
중요한 건, 그의 비경험에서 발화된 언어가 상대방에게는 부당한 언어로 수용된다는 점이다.

그의 무경험에서 비롯된 언어가 상대방에게는 억울함을 파생시킨다.
누군가의 무지가 누군가에게 억울함을 준다면, 어떤가?
그 무지는 '몰랐으니까 괜찮은' 것일까?

또 이런 경우도 있다.

(구정 전날 오후 사무실에서)
"오늘 구정 전날인데, 여자 직원들은 준비할 것도 많을 테니. 빨리들 퇴근해요!"

빨리 퇴근하라는 결론만 두고 보면 참 관용적인 언어인 것 같다. 근로자 입장에서 조기퇴근은 언제나 희소식이니까. 다만, 앞에 전제조건을 보면 어떨까.
구정 전날, 여자 직원은 집이나 시댁에 가서 준비할 게 많아야 한다는 당위성을 담고 있다.
발화자는 구정 전날, 아내나 딸에게 어서 준비하라며 재촉해온 삶을 살아왔거나 여성이 구정 전날 준비할 게 많은 건 당연하다고 생각하는 사람일 테다.

물론 그에게 별다른 악의는 없었을 것이다. 그는 그냥 그런 삶을, 응당 그래야 하는 듯이 살아온 것뿐이다.
하지만 듣는 이는 어떤가. 구정 전날 무언가를 꼭 준비해야 한다는 말을 들은 적이 없는 사람도, 실제로 준비해보지 않은 사람도, 혹은 그렇게 하는 건 부당하다고 생각하는 사람도 있을 것이다.

살아보지 못한 타인의 삶에 대해 기준을 제시하는 건 월권이다.

한 가지 예를 더 들자면 이렇다.

"아니, 애는 누가 키워요?"

아주 단순한 문장이다.

다만, 여기엔 많은 상황이 내포되어 있다.

(애가 아픈데) 엄마가 회사에 오면 애는 누가 키우나요?

(애가 어린이집을 혼자 다니지 못하는데) 엄마도 할머니도 그 시간에 집에 없으면 애는 누가 키우나요?

(어린이집 방학기간인데) 엄마는 회사에 있고, 아이는 누가 보나요?

이 경우엔 무지와 의도 사이의 경계가 애매하다. 정말 내 아이의 근황이 염려되어 묻는 걸까, 아니면 육아하는 직원에 대한 비난이나 동정이 묻어나는 걸까. 그 사람의 의도와 상관없이, 육아하는 직원의 입장에서는 후자에 가깝게 느껴지는 게 사실이다. 아이의 상황을 가장 염려하는 건 부모고, 그 상황에서 최선의 선택을 가장 고민한 것도 부모다. 아주 비상식적 부모가 아니고서야 자립 자존의 능력이 없는 애를 혼자 둘리 없기 때문이다.

위의 예시 속 발화자들이 모두 동일인은 아니지만 회사에서 흔하게 일어날 수 있는 상황인 것만은 분명하다.

비경험의 언어란 이런 거다.
내가 경험하지 못한 상황, 내가 경험하지 못한 사람, 내가 경험하지 못한 삶에 대해 내가 경험한 상황, 내가 경험한 사람, 내가 경험해온 삶의 기준과 잣대를 들이대며 이야기하는 것.
혹은 내가 경험하지 못했던 삶에 대해 '무지와 무관심의 태도'로 이야기하는 것.

그렇다면 듣는 이의 태도는 어떠해야 할까.

> **"**
> 네가 어떤 일에 반응해버리면,
> 네가 아닌 다른 모든 것이 너를 지배해.
> 네가 너를 지배하지 못하게 되는 거지
> 『빅터 프랭클의 죽음의 수용소』
> **"**

빅터 프랭클 박사가 한 말에 따르면, 반응해서는 안 된다.

즉, 감정적으로 소리 지르거나 날을 세우는 즉각적 반응은 도움이 되지 않는다.

중요한 건 본인도 모르는 사이에 비경험의 언어로 본인을 가해자로, 누군가를 피해자로도 만들어서는 안 된다는 것이다.

육아하는 직장인은 비단 성별로 구별 지을 수 없고, 이들은 모두 위대한 여정을 항해하는 자들이니까.

육아와 직장의 사각지대
선택엔 선택권이 없었다

연말연시가 되면 우리에겐 '희망' 이란 단어가 부여된다.
새해 소원, 버킷리스트 등 개인사와 관련된 희망들이 있고 승진이나 인사이동 등 조직사와 관련되는 희망 사항들도 있다. 개인사와 조직 사는 긴밀히 엉켜있다. 그리고 육아하는 직장인에게는 이 둘의 사이 가 조금 더 치밀하게 엮여있다.

연초 인사이동 시즌을 앞두고 '희망부서' 를 적는 기회가 찾아올 때 가 있다.
인사권자가 형식적으로나마 직원의 의견을 최대한 반영하여 인사 를 운영하겠다는 의지가 있을 경우다. 나도 15년의 직장 생활 동안 2~3번의 기회가 있었다. 사내 메일을 통해 희망부서 1~3순위를 적는 형태인데, 아마 복직 3개월 후쯤 마지막으로 희망부서를 적었던 것 같다. 당시 조직이 크게 개편되는 상황이라 신생팀이 생기는 등의 이슈가 있었다. 개편 조직안은 나와 있었고, 그중 가고 싶은 부서를 3개 선택하면 됐다.

나는 복직 이전에도 경영업무를 하는 부서에 있었는데, 복직 이후는 원팀 복귀가 원칙이라 이전과 같이 경영업무 부서에 배치됐다. 나는 승진한 이후 경영업무 부서에만 쭉 있었던 터라 근 5년을 경영업무만 해온 꼴이었다. 우리 회사의 경영업무는 행정 처리와 같다고 보면 되는데, 창의성이나 자율성이 그나마 허용되는 것도 마케팅 관련 업무에만 해당했다.

경영업무는 잘해야 본전이고 조금이라도 구멍이 나면 사달이 난다.

아무튼 본래 내 전공과 적성에 따르면 마케팅 부서가 맞았고, 업무 기간을 따져 봐도 마케팅 부서로 귀환(?)할 때가 되었다. 그래서 살짝 고민이 됐다. 마케팅 부서를 희망부서로 적을까.

하지만 육아휴직 복직 후 3개월은 말 그대로 반송장처럼 회사를 다녔다. 어린이집 호출로 출근하다 퇴근한 적도 있고, 전혀 예상치 못한 휴가를 쓴 적 또한 부지기수.

회사에는 내 뒤를 봐줄 누군가, 그러니까 내 업무를 대행해줄 사람은 있었다. 물론 눈치 보이고 민상일 수는 있지만 어쨌든 내가 없다고 회사가 망하진 않으니까. 그러나 집에는 내 뒤를 봐줄 누군가, 그러니까 아이를 맡아줄 사람이 없었다.

선택엔 선택권이 없었다.

육아하는 직장인의 지위를 유지하려면, 나는 내 진짜 희망대로 부서를 써선 안 됐다. 마케팅 부서로 옮길 경우 출장도 잦고 회사 밖의 관계자들과의 업무도 늘어난다.

내가 자리를 비우거나 내 업무에 공백이 생길 경우 더 많은 사람들에게 피해를 줄 확률이 올라간다. 반면 경영부서는 재미도 없고, 큰 보람도 없지만 어쨌든 상대적으로 출퇴근 시간이 안정적이고 회사 내에서 처리할 업무 비중이 높다. 그리하여 나의 희망부서는 다음과 같이 정리됐다.

1순위 : 경영업무부서(경영 A팀에서 경영 B팀으로)

2순위 : 마케팅업무부서

3순위는 아마 적지 않았던 것 같다. 큰 의미가 없으므로.

나는 나의 환경적 제약 속에서 최대한의 자유를 발휘하여 경영 A팀에서 경영 B팀으로 옮기는 걸 택했다. 그리고 그렇게 됐다.

최종 인사발령 공지를 보고도 아무런 감흥이 없었다.

내가 희망한 대로 됐으니 좋지만, 또 그렇다고 진짜 좋은 건 아니었다. 내가 희망했으나, 진짜 희망한 것은 아니므로.

나뿐 아닌 모든 직장인이 제각각의 한계와 제약 속에 개인의 자유를 추구할 것이다. 사람은 자유가 보장될 때에만 행복할 수 있다. 내가 선택해서 고생을 하는 것과 남이 시켜서 고생을 하는 건 천지 차이듯이.

그렇다면 나는 지금 행복한가?

나는 불행하지 않으면 행복하다는 주의다.

고로 나는 행복하다고 믿는다.

그리고 나는 분명 육아와 직장 사이의 자유의 폭을 조금 더 확장할 때가 오리라 믿는다.

그게 언제일지는 모르지만, 언젠가는 오리라.

희망하지만, 희망하지 않았던 나로부터

희망하지만, 더욱 희망하는 나에게.

그 희망이 닿기를, 바란다.

나는 회사를 배려하지 않는다
안되죠. 그런 거까지 바라면

유급 육아시간(만 5세 자녀가 있는 직원이 유급으로 하루 최대 2시간까지 업무를 단축하는 시간)이 도입된 후 어쩌다 보니 담당자이자, 경험자인 내게 문의가 많이 왔다. 대부분의 질문 요지는 이렇다.

"쓰고 싶은데, 차별은 없겠죠?"
나의 하나 마나 한 대답은 이렇다.
"없죠. 있으면 말하셔야 해요.
이건 이사회에서 결정하고 합의한 제도니까요."

정말일까. 솔직히 말하자면 반은 맞고 반은 틀리다.
대놓고 하는, 공공연한 직접적 차별은 없다.

하지만 누군가는 근무시간이 본인보다 짧다는 것에 불만을 품을 수 있고, 누군가는 여자 직원은 이래서 팀장이 되기 힘들다는 확신을 가질 수도 있다.(실제 제도가 도입되고 나니 육아시간을 사용하는 남자 직원의 비율은 50%다.)

아마 질문을 한 직원도 이런 분위기를 모르진 않기에 물은 것일 테다. 제도가 도입되기 전 무급의 단축근무를 쓰며 내가 느낀 건 사람의 마음까진 제도화할 수 없다는 점이다. 냉정히 말하자면 어떻게 생각하든, 그것은 그들의 마음이다.

만에 하나 내가 퇴근한 후 갑자기 처리해야 하는 담당업무가 떨어진다면, 나 대신 업무를 처리하는 누군가는 나에게 혹은 육아시간이란 제도에 대해 부정적 감정을 품을 수 있다. 입장 바꿔 생각하면 이는 당연지사다. 그런 거까지 이해해 주길 바라는 건, 욕심이다.

혹은 '내가 일을 10만큼 했는데, 육아시간을 쓰게 됐으니 일을 6~7만 주면 안 될까' 하는 마음이 들 수도 있다. 실제로 한 후배는 본인이 맡은 팀 내 역할이 육아시간을 쓰면서 하긴 힘드니 다른 직원에게 그 역할을 넘기면 안 될지 고민 중이었다.

나의 대답은 명료하다.

"안되죠. 그런 거까지 바라면."

산술적으로 보자면 업무시간이 2시간 준 만큼 일도 줄어드는 게 맞다. 이상적으로 맞는 셈법. 하지만, 내가 무급 육아시간이 아닌 유급 육아시간을 쓴다면 이야기가 다르다. 남들과 같은 연봉을 받으면서 시간이 줄었으니, 일도 줄여달라는 건 아직 이해될 수 있을 만한 수준의 이야기가 아닌 것 같다. 아직은 말이다.

다만, 이렇게 생각해보면 나 역시 회사를 지나치게 배려할 필요가 없다는 결론에 이른다.

"(안절부절) 아휴, 미안해요. 먼저 가서."
"(굽신굽신) 아휴, 제가 할 말이 있나요."

이럴 필요 없다는 말이다. 육아시간을 비롯한 탄력근무제, 시차출퇴근제, 가족돌봄휴가 등이 일과 가정의 양립이라는 명목하에 많은 기업에 도입됐다. 그 모두를 써본 선배로서 한마디 하자면 이렇다.

> **"**
> 회사는 육아하는 직장인을 배려해 주면 안 돼요.
> 그건 육아하지 않는 직장인에 대한 역차별이 될 수 있으니까요.
> 육아하는 직장인들을 위한 제도는 특혜가 아니에요.
> 그럼 육아하는 직장인들이 기득권이 되는 거거든요.
> 우리가 기득권이에요?
> **"**

아주 솔직히 말하겠다.

육아하는 직장인 1인으로서 나의 마음은 이렇다. 나는 회사가 나에게 특혜를 준다고 생각하진 않는다. 내가 회사를 다니는 여건이 특별한 혜택(특혜)이 되는 순간, 나는 언제나 누군가의 눈치를 볼 수밖에 없다.

언제나 어깨를 움츠리고 그저 "네~네~"하는 예스맨이 되는 것이다.

이 때문에 나는 회사를 배려하지 않으려 한다.

회식 분위기가 나 때문에 망쳐질까 봐 억지로 참여한다거나, 부당한 업무 지시나 헛소문들을 내가 어쩔 수 없이 져야 할 십자가인 양 짊어지는 희생양을 자처하지 않는다.

그러라고 만든 제도가 아니고 그러라고 아이를 낳고 직장을 다니는 게 아니니까.

과거 당연했던 분위기와 문화를 스스로 당연하다고 받아들이는 순간부터 나는 스스로를 피해자, 희생양으로 만들게 된다.

자신을 피해자와 희생양으로 만들고 나면, 나는 우울하고 불안한 정서를 안고 살게 된다. 이는 직장과 육아 모두 효능감을 낮춰 나를 무능력자이자 무기력자로 만든다. 나는 우울한 엄마도, 불안장애의 직장인도 되고 싶지 않다. 단지 일하는 엄마라는 이유로 말이다.

이는 나에게도 안 좋고, 나와 함께 일하는 내 직장동료와 상사에게도 좋지 않은 일이다. 우리가 그들에게 지나친 배려와 이해를 바라지 않는 게 당연한 것처럼 우리도 그들을 지나치게 배려하고 이해해야 한다는 마음을 내려놔도 된다.

부조리는 부조리로, 부당함은 부당함으로 누구나 목소리를 낼 수 있다. 각자의 입장과 이해관계가 다르므로. 결국 육아하는 직장인에게 절대적으로 필요한 건 이 마음의 균형감이다.

나도 정답은 모른다.
신이 아닌 한 모두의 마음을 어떻게 다 헤아리고 살 수 있겠는가.
다만 나는 내 마음의 균형감을 이렇게 잡는다.
'일부러 마음을 무겁게 갖지 않을 것'
'혹시나 하는 마음을 습관화하지 않을 것'
'나 스스로를 피해자로 만들거나 누군가를 가해자로 만드는 상상에 갇히지 말 것'

매일 흔들리는 마음이지만, 매일 그 마음의 균형을 잡다 보면 내공이 생긴다. 언제나 화창할 수만은 없기에 비가 오든 천둥이 치든 내 마음을 지켜낼 내공을 쌓는 건 나의 몫이다.
지키자, 나의 균형감!

손 안 대고 코 푸시려고요?

닥치면 다 하게 된다

"일이 많아서 야근을 많이 해요. 정상업무 시간에도 일을 다 못하는데, 단축근무를 어떻게 해요? 왜 이렇게 저한테 일을 많이 시키는지 모르 겠어요."

얼마 전 친한 회사 후배가 푸념을 늘어놓았다. 아이를 돌봐주시던 분 에게 건강상의 문제가 생겼단다. 그래서 최근 회사에 도입된 '육아 시간'을 써보라고 권했었는데 결국 못하겠다는 그녀의 답변.

출장이 많은 부서 특성상 그럴 수도 있겠다 싶다. 그런데 반대로 생 각해 보면?

다른 부서, 다른 업무를 하는 육아기 근로자는 일이 적당하거나 별 로 없어서 육아시간을 쓰는 걸까?

육아시간을 써야 하는 육아기 근로자가 아니어도 마찬가지. 업무에 대해 만족하는 직장인은 거의 없다. 내 일이 네 일보다 적다는 직장인은 더더욱 없다. 물론 내 생각이 정답은 아니지만, 15년 차 직장인이자 5년 차 워킹맘으로서의 견해를 이야기해 보자면,

나는 보통의 경우 "닥치면 다 하게 된다"는 답을 해준다.
정말 필요한 상황이거나, 절실한 마음이 있다면 결국 그것을 하게 되기 때문이다. 물론 개인의 성격과 기질에 따라 그 행동의 용이성은 다를 수 있겠다. 나는 기질상 타인의 눈치 보다 나의 눈치를 먼저 보는 사람이니까 조금 더 쉬웠을지도 모르겠다.
하지만, 기본은 역시 상황과 마음이다. 특히 육아기 근로자는 급한 상황이 대부분의 조건을 이긴다. 따라서 그녀에게 하고픈 말은, 타인이나 조직보다 자신을 들여다보라는 것.
꼭 필요한 상황 혹은 절실한 마음이 있는지를.

"일이 많아서 야근을 많이 한다"는 말은 어떨까?
반은 맞고 반은 틀리다. 최소 1~5년 차, 길게 봐도 10년 미만의 직장인이거나 업종의 이직이 있었다면 합당한 주장이다. 그런데 만약 10년 이상 동일 업종에 종사했다면 그때부턴 야근은 특수한 상황을 제외하고는 '시간관리'의 문제에 가까울 수 있다.

내 주관적 경험에 따른 결론이지만, 대부분의 업무는 목표설정에 따른 시간의 관리로 해결된다.

빨리 수행해야 하는 업무와 빨리 수행할 수 있는 업무, 내게 중요한 업무와 상사에게 중요한 업무, 타인에게 영향을 미치는 업무와 상관없는 업무 등으로 범주를 나누고 교집합을 찾아 우선순위를 설정해야 한다.

나의 경우 상사에게 중요하고 빨리해야 하는 업무가 1순위, 타인의 업무에 영향을 미치는 업무가 2순위, 내게 중요하고 빨리할 수 있는 업무가 3순위다. (육아기 전엔 2~3순위가 바뀌었었다.) 만약 상사에게 중요한데 빨리할 수 없는 업무라면 중간 보고 과정을 거쳐야 한다. 상사인 그 또는 그녀를 안심시키는 게 0순위이므로. 그러다 보면 대부분의 업무가 정리가 된다.

"정상업무 시간에도 일을 다 못하는데, 단축근무를 어떻게 하느냐?"는 질문은 마찬가지로 반은 맞고 반은 틀리다.
회사는 내게 단축근무를 허용하지만, 단축업무를 허용하는 것은 아니기 때문. 현실은 냉정하게 직시해야 한다.

아이가 내게 징징댄다고, 나도 같이 징징대서는 안 된다. 내가 가진 걸 아무것도 손해 보지 않고 새로운 카드를 손에 쥘 순 없다.

결국 답은 간단하다.
현실을 인정하고 내가 쓸 수 있는 패를 드는 것.
업무 집중도를 높이고, 타인에게 민폐를 끼치지 않을 업무환경을 만들어야 한다.
이전에 하던 대로 일해서는 안 된다는 말.
업무시간이 바뀐 만큼 나도 업무 환경세팅을 다시 해야 한다. 이를테면, 아주 단순하게는 동료와 함께 여유로이 모닝커피 마시던 걸 포기하고 혼자 자리에서 마신다든지 해야 한다는 것이다.

또한 전 부서의 업무 일정과 요청자료 등을 오전 일찍 확인해서 요청 전에 미리 해두거나 혹시나 내가 없을 때 대응해야 할 상황을 대비해 공유폴더에 자료를 작성하고, 내 업무에 관해 팀원들과 공유를 더 자주 해둬야 한다. 인생에 공짜는 없으니까, 주의와 환경을 살피는 일에 품을 조금 더 들여야 한다.

그리고 회사는 원래 내 사정과 상관없이 일을 시킨다. 내 회사가 아닌 한 월급의 대가는 노동이고, '많이 시킨다'의 기준은 시키는 사람과 받아들이는 사람 모두 상대적으로 느끼는 것이다.

우선 작년의 나보다 올해의 내가 일을 더 하는 것은 어쩔 수 없다. 연차가 쌓였으므로. 20년 차 선배가 일을 나보다 덜할 때 느끼는 불편함을 떠올려보자. 하지만 업무분장상 부당하다면 컴플레인을 걸 만하다. 나도 과거에 그랬던 적이 있다. 보통 회사는 우는 놈 떡 하나 더 준다. 물론 합당하게 울어야 하겠지만.(진짜 우는 건 안 된다.)

그럼에도 불구하고 울며 겨자 먹기로 일을 많이 해야 하는 상황이라면 목표를 적정하게 조정해야 한다.

예를 들어 업무를 3꼭지 할 때 모두 100점을 달성했다면, 업무를 5꼭지 할 때는 70~80점 정도로 조정해야 한다. 그게 내가 숨 쉬고 살아갈 방법이다. 잠시 조정해야만 영원히 조정 당하지 않을 수 있다.

우리는 일할 때 특히나 육아기 근로자로서 일할 때 조직문화를 탓하기 쉽다. 1차적으로 제도나 시스템이 부재하다면 이를 조성하는 게 먼저다. 하지만 2차적인 문화는 바뀌는 데 시간이 많이 걸린다. 문화를 바꾸는 건 제도를 만든 사람들이 아니다. 문화를 바꾸는 건 제도를 사용하는 사람들이다. 그 뒤에서 남 탓만, 조직 탓만 하는 건 결국 손 안 대고 코 풀고 싶은 사람이 되는 것이다.

문화를 바꾸는 데에는 불편함에도 불구하고 의지를 갖고 그것을 해내는 사람들이 필요하다.

나도 후배와 같은 마음이 불쑥 들 때도 있다. 하지만 이내 마음을 고쳐먹는다. 나에게도 남에게도 득 될 게 없는 마음이므로. 육아와 직장생활 사이에 끼인 마음은 여유가 없고 편하지 않을 때가 많다. 나는 이 마음을 기본값으로 인정하고 수용했다. 그럼에도 불구하고 나에게 선택권이 있다는 현실에 감사한다. 후배는 아마도 그 과정에 있을 것이다.

과정이 결과보다 중요한 건, 과정에서 느끼는 내 마음이 결과에서 느끼는 내 마음보다 더 오래 간직되기 때문이다. 행복이 크기가 아니라 빈도 싸움이듯 불행도 크기가 아니라 빈도 싸움이다.

육아와 직장 사이 내 마음의 주파수를 어디다 맞출 것인지가 내 행불행을 결정한다.

그 주파수를 맞추는 일의 주도권은 나에게 있다.

85 vs. 15
그냥, 쭉, 하는 거 외에 답이 없다

내가 다니는 공공기관은 여성가족부 및 가족친화인증센터에서 주관하는 '가족친화기업' 인증을 받았다. 과거에는 이 인증이 선택이었는데, 최근에는 모든 공공기관에 의무화되었다.

나는 복직 후 사내에서 육아기 단축근무를 거의 최초이자 최장기간 쓰는 1인이 됐다. 그러면서 고용노동부와 고용보험을 친추(친구 추가)하게 됐다.

사내 인사담당자도 잘 모르는 과정이기에 내가 스스로 챙기지 않으면 안 되었다. 그러다 보니 온 우주가 나를 가족친화경영의 적임자로 본 걸까? 나는 어쩌다 보니 우리 회사의 가족친화경영 담당자가 되었다.

그리고 최근 가족친화기업 재인증을 받기 위해 '가족친화문화컨설팅'을 받았다. 새로 도입된 컨설팅인데 여기서 방점은 '문화'다.

내가 다니는 직장은 공공기관이기 때문에 법적으로 보장된 권리는 대부분 내규화되어 있다. 즉, 제도적으로는 우리 회사는 분명 가족친화기업이다.

다만, 문화적으로도 그러한가.

컨설팅을 나오신 교수님과 이야기하다가 내 속에 있는 질문을 꺼내보았다.

"그런데요 교수님, 참 애매해요. 뭔가 모르게 기분 나쁘고 부당한 느낌이 존재하거든요? 그런데 딱 꼬집어 말할 수가 없어요.

예를 들자면, '제도를 쓰고 싶은데 실질적으로 불이익이 없을까요?' 하는 질문을 직원들이 자꾸 하는 거예요. 그리고 어떤 직원은 '나 때에 비해 애 키우고 회사 다니기 편하다'는 말도 듣게 되고요.

어떻게 대처해야 맞는 거죠?"

이건 나의 이야기이자, 내 옆에 있는 직원의 이야기이기도 했다.

컨설팅 교수님의 답변인즉슨

"논문을 보면, 어느 기업이든지 15% 정도는 항상 못마땅하고, 헐뜯고, 부정적인 사람들이 존재한다고 해요.

그런 사람들은 어떤 상황 어떤 조건도 부정적으로 봐요.

근데 이때 중요한 건 '그럼에도 불구하고 그냥 쭉 하는 거'예요.

그런 사람들 말에 갈팡질팡하거나, 의사결정을 번복하지 않고 쭉 하는 거요. 중간에 갑자기 안 해버리거나 후퇴하면, '거봐, 거봐. 내 그럴 줄 알았다니까' 한다니까요.

그러니까 그냥 쭉 하세요. 잘하실 거 같은데요?"

맞다.

그냥, 쭉, 하는 거 외에 답이 없다.

그냥 묵묵히, 근데 이것만큼 참 힘든 일도 없다.

날이 갈수록 점점 더 많은 후배들이 생기고 있다. 임신기, 육아기 등을 겪으며 제도적으로 보장된 권리를 찾는 후배들이. 만약 15%의 목소리에 귀를 기울이고, 마음을 썼다면 지금의 수준에 이르지도 못했을 것이다. 여전히 직장에서도 집에서도 눈치만 보고, 힘에 부친 매일매일에 지쳤을 거다. 세상에 내 편이 하나도 없는 것 같은 상황에서 퇴사를 고민했을지도 모른다.

85%는 말하지 않는다.

15%는 말한다.

당연한 흐름이라 생각하는 85%는 보통 조용하다.

긍정은 침묵이라는 말이 맞는 건지는 모르겠고, 침묵이 금인지는 더
더욱 모르겠다. 그러나 85%가 생각하지 않고 느끼지 않아서 말하지
않는 건 아닐 것이다.

85%의 사람들은 말만 하지 않고 행동하고 있는 거다.

그리고 85%의 사람들은 내 말만 하지 않고 다른 이들의 목소리도
듣고 있는 거다.

그게 85%와 15%의 차이다.

오늘도 살았는데, 내일도 못 살겠어?
나는 아직 인생을 배우려면 멀었나 보다

'완치하여 전염력이 없다' 는 등원 가능 확인서 없이 등원 불가.
이번 전염병의 주인공은 수족구.

아이가 결국 수족구에 걸렸다.
지난주부터 어린이집에 유행하여, 아이의 옆 반은 전멸하여 등원 0
명을 기록했다는 소문에 우리 아이도 시간 문제겠구나 싶었지만 막
상 걸리고 나니 내가 휴가가 몇 개 남았더라 걱정이 됐다.
3일의 휴가를 내고 가정보육을 시작했다.
이로써 나의 올해 휴가는 2일 남짓 남았다. 다 쓰고 모자라면, 또 내
년 휴가에서 당겨와야지. 내년은 내년의 내가 알아서 하겠지 마음을
먹는다.

수족구는 기본적으로 입에 궤양이 생겨 밥을 잘 먹지 못하니, 아이는 잘 먹지도 않고 짜증만 기하급수적으로 는다. 그러나 워낙에 수족구에 대한 흉흉한 괴담을 많이 들은지라 곡기를 끊을 정도의 수준은 아니고, 손발에 궤양이 없어 그나마 다행이다 생각하기로 맘먹었다. 그렇게 욕심을 내려놓고 아이와 집에서 씨름하고 있던 중에 남편에게 전화가 왔다.

"아버지가 암이시라네."
암. 그것도 말기.
다른 기관에 전이가 많이 된 상태.
수술 불가 가능성이 높음.

인생은, 비가 올 때 비를 피하는 게 아니라 빗속에서 춤추는 법을 배우는 것이라고 했던가. 나는 아직 인생을 배우려면 멀었나 보다.
춤은 도저히 못 추겠고, 앞을 보고 걸어가는 것만도 힘겹다.
물론 나의 육아기 이후의 인생이 힘들기만 한 것은 아니다.

얼마 전 후배가 물었다.
"과장님은 아기 낳고 언제가 가장 행복하셨어요?"
"매일요. 매일 행복해요."

이건 분명 진심이다.

매일 행복한 순간이 있다.

아이가 코끝에 대고 달큰한 숨을 쉬어 댈 때, 어찌 저리 좋을까 싶게 천진난만한 웃음을 지을 때, "엄마 예뻐. 엄마 좋아. 나는 엄마 거. 엄마는 내 거"라며 예쁜 말만 골라 할 때.

전에는 존재하지 않았던 순도 100%의 행복이 있다.

하지만, 후배가 만약 "아기 낳고 언제가 가장 힘든가요?"라고 물었다면 "매일요. 오늘 아침도 힘들었고요. 퇴근 후도 힘들 예정이에요"라고 대답했으리라.

매일 행복한 것도 사실, 매일 힘든 것도 사실.

이 두 가지 감정이 썰물 밀물처럼 매일 같이 내 마음에 왔다 갔다 하는 게 진실이다.

우여곡절 끝에 네 명의 도우미 선생님을 구하고, 두 번의 단축근무를 하며 복직 후 1년 6개월의 시간이 지나갔다.

그 시간 동안 내가 깨달은 건 결국 '나를 돕는 건 나'라는 점.

좋은 상황이든 나쁜 상황이든 이 진실의 장점은 주도권과 통제권이 내게 있다는 것.

이 진실의 단점은 나는 전방에 서 있고, 나를 제외한 조력자들은 후 방에 서 있으므로 결국 맨 먼저 파도를 맞고 대응해야 하는 것도 나 라는 점. '전방근무 이상 무!'라는 일차 대응이 완료돼야 후방근무 자들이 대기 라인에 설 수 있다는 것.

어제 잠들기 전 이런 생각이 들었다.

나 오늘 힘들었잖아?
아 진짜 이렇게 힘들어도 살 수 있는 거야? 하는 순간을 살아냈잖아?
근데 뭐 내일 못 살겠어?
그래, 오늘도 살았는데, 내일도 살겠지.

내일이 또 오늘이 돼서 행복한 순간도, 힘든 순간도 지나간다.
그리고 다시 그렇게 오늘을 살아낸 내가,
내일을 살 수 있는 내가 돼 있는 거다.

그렇게 나는 최선을 다해 신이 아닌, 인간으로서의 삶을 살아간다.
신이 아닌 모든 워킹맘, 워킹대디의 오늘과 내일을 응원한다.

등원 가능 완치소견서

아이가 전염력이 강한 전염병에 걸리면 어린이집이나 유치원 등 다중이용시설을 이용하는 것을 '지양'하는 원칙이 있기 때문에 '가정보육'을 권한다. 따라서 완치 이후 다시 등원을 할 경우 '완치소견서'를 제출해달라는 보육시설이 대다수다.

나도 이 '완치소견서'가 실제로 존재하는 것인 줄 알았는데, 수족구 발병 후 일주일이 지나 완치소견서를 떼러 갔다가 빈손으로 돌아온 적이 있다.

병원 의사 말에 의하면 애초에 수족구라고 하여 등원을 해선 안 된다는 법이 없고, 따라서 완치소견서는 있는 게 아니며, 그냥 갈 때 돼서 가면 되는 거라고 한다. 실제로 찾아보니 완치소견서는 법적 양식이 따로 존재하지 않고 병원에서 수수료를 받고 의사 소견서를 첨부해 주는 형태였다.

하지만 이건 어디까지나 병원마다 다르고, 어린이집이나 유치원마다 다르기에 애초에 완치소견서가 꼭 필요한 상황이라면 사전에 병원에 문의하고 방문하는 걸 추천한다.

chapter 05

여전히 나입니다

2023년 서울연구원의 '양육자 서베이' 결과 맞벌이 가정의 24%가 우울 문제를 겪고 있었다.

양육자의 정신건강과 스트레스에 관한 설문조사였는데, 서울시 맞벌이 부부 55명 중 약 21%가 불면증, 16%가 불안감을 겪었고 7%는 자살까지 생각했다고 한다.

가사·자녀 돌봄 시간은 워킹맘이 3.4시간, 워킹대디가 1.8시간이었는데 워킹맘들의 돌봄 비중이 증가할수록 우울·불안·자살 생각의 비율이 증가하는 경향을 보였다고 한다. 하루 동안 개인 활동이나 휴식에 쓰는 시간은 워킹맘의 경우 1.4시간, 워킹 대디는 1.5시간으로 모두 1시간 남짓한 시간.

연구원은 양육자의 양육 스트레스와 정신건강 문제 예방을 위해 여가·신체활동 등을 포함한 다양한 '힐링' 프로그램 개발과 참여가 필요하다고 제언했다.

일과 가정 사이를 오가는 주체는 바로 '나' 다.

일도 가정도 중요하고, 일과 가정 모두를 지켜야 하지만,

사실 가장 중요하고 가장 먼저 지켜내야 할 대상이 바로 '나' 다.

'나'를 지키고, 중요하게 생각하지 않다 보면 결국 일과 가정에 치여 사는 우울한 부모이자 무기력한 직장인이 되어버리고 만다.

혹자는 '그럴 여유가 어디 있느냐'고 반문할지도 모르겠다. 하지만 내 심신의 건강을 미뤄두면, 당장 몇 년은 버텨낼 수 있겠지만 장기전인 육아와 정년을 목표로 한 직장인의 삶을 버텨낼 수 없다. 그런 슈퍼맨이나 슈퍼우먼은 존재하지 않는다.

지속적인 일과 가정의 병행을 위해 나의 심신을 살피는 건, 선택이 아닌 필수다. '운동할 시간이 없다'는 내가 '운동할 시간을 만들어 놓지 않았다'는 말이라고 한다. 운동은 시간을 내서 하는 거지, 시간이 남아서 하는 게 아니란 거다.

꼭 운동이 아니더라도 나의 행복과 심신의 건강을 위한 무언가가 꼭 내 일과표에 자리 잡고 있어야 한다.

시간을 내서, 우선순위에 나를 올려야 한다.

욱하기 전 네 가지 질문
주도권을 잃으면 안 된다

나는 본래 아이를 별로 좋아하지 않았다. 그리고 '어떤 엄마가 되어야지' 하는 이상향도 없었다. 다만 만약 엄마가 된다면, '이런 엄마는 되지 말아야지' 하는 건 있었다.

바로 '욱하는' 엄마다. 그런데 실제로 엄마가 되고 나니 욱하는 경우가 부지기수. 그래서 나는 육아하다가 '욱(하는 육)아'를 하지 않기 위한 조언들을 많이 찾아봤다.

물론 잘되지 않았다.
조언을 읽을 땐 고개를 끄덕일 여유가 있었지만, 막상 욱이 올라오는 상황에선 잘 적용되지 않았다. 결국 욱-했다. 그리고 나 자신이 너무 싫어 후회했다.

그러다 어느 날 아침, 양치를 하다 생각했다.

'주도권을 잃으면 안 된다!'

내 화(火)도, 내 화를 다스리는 방법도 육아나 양육의 방법에서만 찾으면 안 된다. 내 가슴속에서 올라오는 화는 그냥 내 화이고, 내 스트레스를 관리하는 방법을 찾아야 한다. 그래야 주체는 내가 되고, 그 상황에서 주도권도 내게 있다. 나는 어른의 한사람으로서 내 스트레스와 화를 다스리는 방법을 고민하고 익혀야 하는 것이다. 엄마, 아빠가 아닌 그냥 한 명의 인격체로서.

그게 먼저다.

그래서 나름대로 고안해 낸 네 가지 질문이 있다.

첫 번째 질문, 나는 언제 행복한 사람인가?

화가 내 가슴속에 스며들 때 구원받을 수 있는 방향을 알려주는 질문이다. 내가 행복을 느끼는 시간, 공간, 상황, 경험 등 아주 구체적일수록 좋다.

내가 행복한 순간 하나.

오전 8시. 바리스타와 나를 포함한 고객 1~2명만 있을 뿐인 카페.

평소 보고 싶던, 읽어야지 했던 책이나 포스팅을 본다.

꽃향과 산미가 가득한 에티오피아 구지 G1 모모라 내추럴 원두를 고른다. 따뜻한 아메리카노 한 잔에 담백한 맛의 플레인 스콘 한 조각을 곁들인다.

아, 행복해.

내가 행복한 순간 둘.

오후 8시. 인헬(inhale) 엑스헬(exhale) 공기 반 소리 반이 가득한 요가원. 선생님의 저음 보이스와 사람들의 들숨날숨 소리만 가득하다. 평상시 잘못된 습관으로 인해 내 몸이 얼마나 굳었는지를 체감하며 '아우 시원해. 살 것 같다' 라는 생각을 한다.

그렇게 쭉쭉 몸과 마음을 펴내는 빈야사 요가 수련을 마치고, 마침내 찾아온 사바사나(송장자세) 시간. 하아, 명치끝까지 시원한 한숨을 내쉬며 눈을 감는다.

아, 행복해.

이렇게 나는 나의 행복 모먼트를 적어본다.

친구들과 만나 수다 떨고 새로운 곳으로 여행하는 것도 행복한 일이지만, 누군가와 시간을 맞추고 비용을 들이는 건 빈도수가 높지 않은 행복들이다. 행복은 강도가 아닌 빈도순이므로 내가 자율적으로 정하되 비용이 적게 드는 행복 모먼트들을 일상에 포석해둬야 한다.

두 번째 질문, 나는 언제 불행한 사람인가?

최대한 불행으로부터 멀어지거나 최대한 불행을 관리하기 위한 질문이다.

나는 시간에 대한 강박관념이 있다. 그리고 상황을 통제할 수 있는 가능성이 높은 걸 선호하는 사람이다. 완벽히는 아니더라도 대략 계획을 잡고, 가능한 시간 안에 과업을 마치는 게 편한 사람. 세세한 계획에는 스트레스를 느끼지만, 개괄적 개요는 안정감을 가져다 준다. 따라서 개괄적 개요를 짤 통제권도 없을 때 스트레스를 받는다. 남들이 볼 때 티가 날 정도의 강박은 아니지만, 대개 나는 목표한 대로 이루는 삶의 빈도가 높았기에 그렇지 않을 경우 스트레스에 취약해진다. 그러므로 이런 나의 약점을 의식해 두어야 한다.

세 번째 질문, 나는 왜 그런 사람인가?

내 안에 존재하는 '내면의 아이'와 대면하기 위한 질문이다.

내 속에 덜 자라난 아이, 내면의 작은 아이는 왜 그렇게 컸을까. 나의 어머니는 시간에 대한 강박이 강했다. 초등학교 시절을 떠올려 보면,

오늘 가져가야 할 준비물을 전날 일찍 말하지 않은 경우 엄청나게 혼이 났다. 이 정도로까지 혼날 일인가 떠올려도 이해가 안 될 정도로 혼이 났다.

계획되지 않은 친구 집 방문 혹은 친구가 우리 집에 오는 것은 상상도 못할 일이었다. 그래서 나 또한 나도 모르게 그런 사람이 됐을 것이다. 사전 고지, 시간 관리에 예민한 사람. 반대급부로 자율성이 보장되는 시공간에서 행복한 사람으로 성장했다.

마지막 질문, 그래서 나는 어떻게 할 사람인가?

앞으로의 방향성을 위한 질문이다. 결국은 내가 가고자 하는 방향을 찾기 위한.

내가 원하는 것은 덜 욱하고, 덜 화내고, 더 행복한 사람이 되는 것이다. 그래야 덜 욱하고, 덜 화내고, 더 행복한 엄마가 될 수 있으니까.

위의 질문들을 조합해보면, 육아는 마음대로 되지 않고 계획대로 되지 않는 상황의 연속이므로 나는 어쩔 수 없이 스트레스와 화를 쉽게 낼 수 있는 환경에 노출된다. 하지만, 그렇다고 당장의 행복을 위해 요가원으로 뛰쳐나갈 수도 없고 물 한 잔 먹을 시간도 없는 아침에 카페에 가서 커피를 마시고 책을 볼 수도 없다.

나의 어머니는 나를 지극정성으로 키운 게 확실하지만, 그에 대한 반대급부로 욱과 화도 엄청났다. 나는 그것을 고스란히 보고 듣고 느끼며 커왔다. 따라서 내가 욱하는 상황에 노출됐을 때 나 역시 부정적 감정을 아이에게 그대로 표출하기 쉽다.

그렇다면 어떻게 할 것인가?
나는 그런 나 자신의 모습이 만족스러운가?

미국 매사추세츠주립대 병원의 존 카밧진 교수가 소개한 '건포도 명상법'이 있다.
1. 건포도의 색깔과 질감을 관찰하고, 향을 알아차린다.
2. 건포도를 입에 넣고 씹기 전 혀로 질감을 느껴본다.
3. 건포도를 살짝 씹어보고 겉과 속의 맛과 질감을 느껴본다.
4. 천천히 씹어 먹으며 건포도의 맛과 느낌을 모두 알아차린다.

건포도라는 매개체를 통해 산만해진 생각과 감정을 잠재우고, 나 자신의 감각을 알아차리며 불필요한 감정과 화를 걸러내는 효과를 누릴 수 있다.

건포도 명상법에 착안해서 나도 '비타민 명상법'을 고안해봤다. 보통 3살 이후의 아이들은 소아과를 다니기 시작하면서 다양한 비타민의 세계를 맛본다. 로보카 폴리 비타민, 뽀로로 비타민, 까투리 비타민 등 각종 캐릭터로 포장된 엄지손톱 크기의 비타민 사탕들. 그래서 아기를 키우는 집에는 비타민 사탕이 한가득인 경우가 많다. 비타민은 아이뿐 아닌 엄마도 자주, 손쉽게, 많이 접할 수 있는 대상이다.

나의 가정은 이렇다.

지금 아이가 "밥을 안 먹고 놀겠다", "어린이집에 가기 싫다", "마트에 가서 간식을 당장 사고 싶다" 등의 말을 한다. 혹은 울음이나 떼쓰기를 시전한다. 대개의 경우 엄마는 시간적 여유가 없고, 해야 할 일이 있고, 아이의 말투나 행동이 못마땅할 것이다.

그럴 때 이렇게 해본다.

〈비타민 명상법〉

1. 비타민 통에서 비타민을 하나 골라 꺼내본다.
2. 비타민 포장지의 캐릭터를 관찰하며 포장지를 벗겨본다.
3. 비타민C 또는 비타민D의 향을 알아차린다.
4. 비타민을 입에 넣고 혀로 질감을 느껴본다.
5. 천천히 씹어 먹으며 비타민의 신맛, 달콤한 맛을 느껴본다.

비타민이라는 매개체를 통해 극도로 흥분되거나 짜증 나 있는 내 감각에 잠시 시간의 지연효과를 준다. 그리고 비타민은 어쨌든 달콤새콤한 맛이고, 이를 씹어 먹으면 기분이 전환되는 효과가 있다. 그러고 나서 말한다.

"그건 안 되는 거야. 하고 싶겠지만, 지금은 안 돼. 지금은 A보단 B를 해보면 어떨까?"

말의 내용도 중요하지만, 모두 알다시피 훈육에서 중요한 건 태도니까. 나의 말투와 어조엔 내 감정이 고스란히 들어간다. 이때 비타민 명상타임을 통해 나의 감정과 태도에도 비타민을 투여하는 거다.

사실 아기용 비타민 사탕 1개를 먹는 데 걸리는 시간은 1분도 채 안 걸린다. 그래도 그 1분이 얼마나 긴 시간인지 알 것이다. 1분은 60초다. 화가 났을 때 속으로 1에서 60까지 세보면 1분이 꽤나 긴 시간이라는 걸 알 수 있다.
이 시간 동안 비타민을 씹어 먹으며 나와 아이에게 독이 되는 감정과 생각을 같이 씹어 먹자.
물론 외출할 때도 비타민은 필수품이다. (아이가 아닌 엄마를 위해)

나는 이 네 가지 질문을 거쳐, 욱하는 빈도를 줄이고 내가 나의 감정을 관리하기 위해 부단히 노력하는 중이다.

물론 아직도 여전히 욱할 때가 많지만 말이다.
엄마도 사람이니까, 욱할 수 있다.
하지만 엄마는 아이보단 조금 어른이니까, 조금 덜 욱하기를 바라며 오늘도 비타민 사탕을 하나 꺼내본다.
가끔은 비타민 하나가 둘, 셋, 넷, 다섯이 될 때도 있지만...

자유의 여신은 운동을 한다
내가 낼 수 있는 힘을 바르게, 제대로

복직하며 내게 약속된 주 2회의 힐링, 필라테스.

아이를 향해 굽어있던 몸과 마음을 좀 펴보고자 내가 선택한 시간이었다.

얼마 전 회사 동료가 "주 2회 필라테스로 효과가 있어요?"라고 물어왔다.

"다이어트가 목적이라면 전혀. 식단 없이 주 2회 필라테스로는 효과가 없죠. 그래도 매일 레깅스를 입고 거울에 선 나를 보는 것만으로도 스스로를 포기하지 않는 효과가 있어요."

내가 건넨 답이다.

우연찮게 주말에 만난 친구도 "점심시간을 쪼개 필라테스를 하는 게 가능해?"라고 물었다.

"가능은 하지. 엄청 급박하게. 몸도 마음도 긴박하게 움직이면. 너도 알지만 신체발부의 자유! 안기고 바짓가랑이 붙잡고 하는 귀엽지만 무거운 존재 없이 신체발부의 자유를 누리는 시간이잖아. 절대 사수해야지!"

필라테스는 나를 있는 그대로 바라보고 싶은 마음이다. 거울에 비치는 팔다리를 움직이는 나를 보고 있으면 '개인'으로서의 내가 보인다. 내 자유의지에 따라 움직이는 나. 뱃살이 접히든, 발바닥이 갈라졌든, 팔뚝 살이 덜렁이든 '있는 그대로 나'를 보게 된다. 생각보다 일상에서 우리 스스로를 바라보는 시간이 많지 않다. 얼굴만 좀 보고, 옷 입은 태가 어떤지를 슬쩍 보는 정도?

그러니 나의 발가락부터 정수리까지 바라보는 시간은 참 소중하다. 그리고 필라테스는 나를 끝까지 포기하고 싶지 않은 마음의 행위다. 비록 출산 전과 달라진 몸이지만 내가 죽을 때까지 같이 갈 몸이니까. 비록 골반이 불균형하고 갈비뼈가 비대칭이어도 내 24시간을 버텨주는 몸이니까.

필라테스 선생님의 말처럼 매일 노력하는 1도 1미리의 변화가 중요한 거니까. 주 2회, 100분 동안 바른 몸의 정렬로 변하려는 나를 포기하고 싶지 않다.

사실은 몸이 아닌 이런 마음이 필라테스를 이어가는 시작과 끝이다. 그래서 복직 후 필라테스를 등록했다. 회식, 출장, 연차를 제외하고는 눈이 오나 비가 오나 출석했고, 나는 약 3년 동안 이 시간을 지키고 있다.

내가 듣는 필라테스 수업에는 고정 선생님이 계신데, 남매를 키우는 워킹맘 선생님이다. 나보다 쉽지 않은 육아 환경을 갖고 있음에도 언제나 애교 넘치는 분위기로 가득한 분이다. 본인의 볼록 나온 배를 보여주면서, 여러분도 할 수 있다고 자신감을 주시는 분. 그 선생님이 가장 많이 하는 말은 '과정'이다.

> **"**
>
> 회원님, 필라테스는 과정이에요.
> 결과를 그럴듯하게 만들어내는 게 목적이 아니라,
> 내가 할 수 있는 범위를 알고,
> 내가 낼 수 있는 힘을 바르게,
> 제대로 쓰는 게 중요해요.
>
> **"**

복부에 힘을 줘서 다리를 올려야 하는데 그저 다리를 높이 올리는 데 몰두하여 허리를 쓰면 허리만 아프다. 등 뒤쪽의 힘을 쓰려고 팔운동을 하는 건데, 무조건 팔을 쓰려고 승모근까지 동원하면 어깨만 아프다.

결국 필라테스는 내가 누를 수 있는 만큼, 내가 들 수 있는 만큼, 내가 뻗을 수 있는 만큼 제대로 내 몸을 움직이는 연습을 하는 것이 중요하다.

그러고 보면 필라테스는 우리 삶과도 맞닿아 있다.
일상에서 내가 쓸 수 있는 힘, 내가 영향을 미칠 수 있는 범위를 아는 게 얼마나 중요한가. 현실을 직시하고 자신을 객관화하는 것. 그것만큼 힘들더라도 꼭 필요한 초능력이 있을까. 일부러 힘으로 찍어 누르다가 관절이 나가고 근육이 찢어지는 것처럼, 일부러 혹은 억지로 하다가 잘 되는 일은 거의 없다. 때론 목표만 보고 달려가다가 의미가 퇴색되고, 번 아웃이 오는 경우도 많다. 그래서 나는 필라테스를 통해 '자분자족'의 인지능력을 배운다.

내가 수업 때 자주 하는 동작 중 엘리펀트 elephant 가 있다. 이름 그대로 코끼리 자세인데, 나는 처음에 이 자세가 '코끼리처럼' 등을 구부려 덩치가 커 보이게 하는 동작인 줄 알았다. 그런데 아니었다.

"엘리펀트요? 코끼리가 되라는 말이 아니에요. 코끼리가 내 가슴 밑을 통과할 만큼의 공간을 만든다는 뜻이에요. 쉽게 말해 내 몸이 터널이 되는 거죠. 코끼리가 들어갈 만큼 크고 높은 터널요."

나는 스스로 몸집을 키워 크고 무거운 코끼리가 되려 했는데. 코끼리가 지나갈 만큼의 공간을 내 몸으로 만들어내라는 거였다.

올해 한 차례의 교통사고를 겪었다.
지금껏 살면서 몸으로 느낀 가장 큰 충격의 사고였는데 그 충격이 곧 내 전신을 점령하는 느낌을 받았다. 문제는 그 사고 당시야 당연히 그리 인식될 수 있는데 사고 이후에도 나도 모르게 그 사고가 곧 나인 것처럼 생각이 되는 거다.

사람은 누구나 의도치 않게 어떤 사건, 사고, 위기를 맞는다. 그리고 그 사건이나 사고 등이 마치 곧 나인 것처럼 그 상황에 압도되거나 잠식되곤 한다. 특히 부정적 사고나 감정은 긍정적 사고나 감정보다 힘이 세기에 평소에 긍정적인 사람도 스스로를 부정적인 상황에서 분리해내기가 쉽지 않다. 이를 위해선 물론 시간이 필요하기도 하겠지만, 의식적으로 그 상황과 나를 분리해내는 노력을 해야 한다.

나는 교통사고 이후 엘리펀트 동작을 하면서 다음과 같은 생각이 들었다.

> **"**
> 어떤 상황이 반드시 나를 지나야만 하는 코끼리라면,
> '너 절대 못 가!' 하고 버티지 말자.
> 또한 마치 그 코끼리가 나인 것처럼 착각하여
> 나를 먹이로 내어줘 코끼리의 몸집만 더 키우지 말자.
> 그저 나를 통과하여 무사히 지나가게 놔두자.
> **"**

평소보다 힘들고 무거운 일이 발생하면, 평소보다 더 크게 가슴을 열고 평소보다 더 길게 숨을 쉬고, 평소보다 더 높이 하늘을 올려다봐야 한다. 코끼리가 나를 통과해 갈 수 있도록.

이렇게 나는 필라테스를 통해 내 몸과 마음을 지킨다.

필라테스 Q&A

Q1. 필라테스는 유연해야 할 수 있나요?

원래 유연한 사람이 더 유연해지려고 필라테스를 하는 경우는 없다. 필라테스는 본래 체형교정과 체력강화를 위해 고안된 교정운동이다. 모든 운동에 유연성과 근력이 필요한 것처럼 필라테스도 마찬가지다. 이 두 가지 능력을 모두 갖고 있는 사람은 많지 않다. 이 때문에 원래 유연한 사람은 유연함을 컨트롤하고, 근력을 강화하는 목적에 조금 더 집중할 수 있다. 반면 원래 유연함이 없는 사람은 필라테스를 통해 근육을 길게 쓸 수 있는 힘을 기를 수 있다. 원래 잘하는 걸 더 잘하는 것보단 원래 못하는 걸 할 수 있게 될 때 느끼는 희열이 더 크다. 그러므로 당신이 유연하지 않아서 필라테스를 고민하고 있다면, 이제 반대로 생각할 때다. '지금이 적기!'라고.

Q2. 필라테스 하려면 날씬해야 하지 않나요?

우리 필라테스 선생님은 아기 둘을 낳고 늘어질 대로 늘어진 뱃살의 보유자다. 심지어 회원들 앞에서 과하다 싶은 정도로 그 뱃살을 보여주신다. 그런데 그 효과가 뭔지 아는가? 사람은 생각보다 꽤나 시각적 동물이다. 배꼽에 힘을 빼고 허리를 과신전시킨 충격적인(?) 선생님의 모습을 보고 나는 이제 내 배꼽을 의식한다. 배꼽에 힘을 주지 않으면 뱃살이 무너져 흘러내린다는 걸 본 후로 나는 서 있을 때마다 배꼽을 의식하게 됐다. 필라테스 선생님이 처음부터 날씬하고 예쁜 몸이었다면 순간 선망은 했겠지만, 나의 일상에 이다지도 큰 영향을 주진 못했을 거다. 필라테스는 날씬해야 하는 운동이 아니고, 날씬한 몸이 바른 몸도 아니다. 필라테스는 바른 몸을 위해 하는 운동이다. 그리고 필라테스 수업에 실제로 가보면, 인스타그램에 넘쳐나는 몸짱은 거의 찾아볼 수 없으니 걱정하지 말자!

나의 치트키
내게 강 같은 평화가 흐르게 해라

나의 평화로운 일상을 지키는 치트키를 몇 가지 소개해볼까 한다. 누군가의 보호자로 살고 누군가의 의식주를 챙겨주며 나 자신의 삶도 이끌어나가야 하는 모든 이에게 조금의 도움이라도 되길 바라며.

치트키의 핵심은, 노력과 시간의 최소화를 통해 내 마음에 '강 같은 평화'가 흐르게 하는 것.

친절한 말은 기초대사율 높은 몸에서 나오며, 상냥함은 불편함을 감수할 수 있는 여유로움에서 나온다.

아침밥 치트키

나는 아직까진 클래식한 엄마라서 적어도 두뇌가 성장하는 시기까지는 '아침을 챙겨 먹이자!' 하는 주의다.

특히나 어린아이일수록 뇌뿐 아닌 신체의 성장도 급격히 진행되므로 세끼 중 한 끼라도 빠뜨릴 순 없다고 생각한다. (하지만 아이가 아침밥을 안 먹겠다고 한다면 다른 방법을 강구하는 게 강 같은 평화를 지키는 일이 되겠다.)

아무튼 나는 고지식한 엄마이므로 일단 아침밥을 차린다. 월수금은 어린이집 아침 간식이 과일이기 때문에 밥과 반찬을 차리고, 화목은 어린이집에서 죽이나 시리얼 등 아침 대체식이 나오므로 보다 간단하게 아침을 준비한다.

오늘은 간단한 아침 치트키인 멸치, 치즈, 김을 준비했다. 대부분의 아이들은 짭조름한 멸치에 밥을 섞어주면 잘 먹고, 치즈와 김은 남녀노소 좋아하는 메뉴니 성공 확률이 높다. 나는 이 모두를 섞어 김밥을 만든다. 근데 진짜 김밥을 말겠다는 건 아니다.

도시락 김으로 나온 조미 김으로 꼬꼬마김밥을 만든다. 밥에 멸치볶음을 섞고 도시락 김 한 장에 멸치볶음밥을 절반 올리고 김 끝자락에 치즈를 먹기 좋게 잘라 놓는다. 그리고 그냥 말면 된다.

아이가 작다면 가위로 반으로 자르자. 딱 한 입 크기가 되어 먹이기도 쉽고 스스로 먹기도 편하다. 멸치와 김, 치즈에는 칼슘이 많아 성장기 아이를 위한 칼슘 3종 세트라 부를 수 있겠다. 나 같은 요리 똥손이 이런 칼슘 김밥을 만드는 데 들이는 시간은 5분 남짓이다.

만약 아침에 밥알을 먹는 게 힘들다면?

미리 만들어놓은 죽이나 수프를 먹이는 게 좋은데 나는 밤수프를 추천한다. 내가 밤수프를 아침 치트키로 쓰는 이유는 밤이 완전식품이라서다. 밤에는 5대 영양소인 탄수화물, 단백질, 지방, 비타민, 무기질이 다 들어가 있다. (고백하자면 이런 걸 알고 시작한 건 아니고, 그냥 반찬쟁이 아들에게 고열량 탄수화물을 먹이려고 생각하다 찾았다.)

아무튼 열량이 높고 단백질 함량이 많아서 아침에 든든히 먹이면 엄마 마음도 든든하다. 그리고 위와 장을 보호하는 효능이 있다고 해서 특히 아침 메뉴로 추천한다.

밤을 미리 삶고 믹서기에 우유와 함께 간 다음 기호에 따라 치즈를 넣어 뭉근하게 끓여두면, 보통 시중에 파는 밤 1봉당 3그릇 정도의 양이 나온다. 냉장이나 냉동 보관하면 일주일에 2~3끼는 밤수프만

으로도 충당이 되니 요긴하다. 아무튼 우유도 먹이고 밤도 먹이고 일
석이조이니 가끔 만들어보시길. 어른이 먹기에도 부담 없고 맛있다.

등원 치트키

"엄마, 오늘 어린이집 가는 날이야? 안 가는 날이지?"
요새 우리 아이가 일어나면 맨날 물어보는 말이다.
"가는 날인데?"

칼 같은 엄마의 대답에 아이는 심통이 만 통.
그럴 때 내가 쓰는 치트키는 아이의 성향을 적극 활용할 수 있는 소
품이나 간식을 활용하는 거다.

먼저, 시간적 여유가 조금이라도 있다면 소품을 활용한다. 우리 애
는 청소하는 걸 좋아해서 아이 전용 쓰레받기와 빗자루를 집에 구비
해 두었다. 미화 아저씨 아줌마들이 길에서 청소하는 걸 유심히 보
다가 본인도 하고 싶어 해서 사준 건데, 가끔 등원할 때 "우리 청소
하면서 갈까?" 하면 "좋아!"라고 하며 신나 한다. 물론 이건 10분 정
도의 여유시간이 있을 때 가능한 시나리오다.
만약 후딱 집에서 나가야 하는 상황이라면 아이가 어린이집에서 할
수 있는 즐거움을 예고해줘야 한다. 우리 애는 친구들에게 작은 간

식이라도 나눠주는 걸 좋아한다. 아마도 "고마워" 소리를 듣는 게 좋아서 그런 것 같다.

"오늘은 친구들 뭐 줄까?" 하고 스스로 묻기도 하고, 나갈 기미가 전혀 없을 때는 내가 거꾸로 물어보기도 한다. 그러면 본인 간식이 비축된 간식통으로 가서 나눠줄 만한 간식을 찾는다.

가장 만만한 건 비타민, 사탕, 혹은 뻥튀기 정도다. 그럼 그 봉지를 들고 신나게 어린이집으로 향한다.(물론 매일 하면 집안 곳간이 바닥나므로 주의.) 결국 아이의 취향에 따라 집 밖으로 빨리 나가게 할 동기를 부여해 주는 게 등원 치트키의 포인트다.

꿈나라행 열차 타기

저녁에 필요한 치트키는 아마도 '잠잘 시간으로의 돌입'일 것이다. 그런데 쓰려고 보니 아쉽게도 내겐 꿈나라행 열차 치트키는 없는 듯하다. 내게 협상은 거의 없기 때문이다. 그저 루틴을 지키는 게 치트키라면 치트키다. '하원하고 약간의 놀이와 간식 후 목욕하기 – 밥 먹기 – 또 약간의 놀이 – 책 읽기 – 자러 들어가기!' 이게 다다.

가급적 변수를 만들지 않으려 한다.

"이제 잘 시간, 3권만 읽고 자러 들어간다"가 내 마지막 멘트.

그렇게 가장 귀중한 평화까지 도달한다.

아침밥 치트키, 아침을 먹여 성장시키고픈 엄마의 꾸준한 마음.

등원 치트키, 즐거운 마음으로 아들과 엄마 모두 집을 나서고픈 엄마의 진실한 마음.

꿈나라행 치트키, 밤잠은 루틴의 산물이라는 엄마의 강렬한 신념.

내가 치트키를 사용하는 이유는 이렇게 정리가 된다.

결국은 치트키도 엄마 마음의 일이다.

그러니 우선 엄마 마음에 강 같은 평화를 흐르게 할 것.

그로 인해 아이한테까지 그 평화의 강이 흐르게 만드는 것.

그 마음과 목적을 잊지 않는 한, 우리의 치트키는 무해하며 무한하다.

주 1회 브런치 하는 여자

"자기야, 그러다가 광화문 광장 가겠어!"

1년 6개월의 육아휴직이 끝나고 복직 후 소화불량이 잦았다.

아니, 정확히는 화병? 답답증? 먹는 것과 상관없이 명치 끝에 소화가 되지 않는 기분이 자주 들었다.

당시 내가 얼마나 부정형 인간이었는지는 내 말버릇에 여실히 드러났다. 나의 말의 첫마디가 "아니"였으니.

아니, 애를 키우라는 거야 말라는 거야?

아니, 맞벌이 부부한테 일을 하라는 거야, 말라는 거야?

아니, 내가 내 일 다 하고 애 키우는 건데

왜 내가 회사에서 눈치를 봐야 돼?

지금 생각해 보면 맨날 이런 "아니 아니"를 들었던 남편도 피곤했겠다 싶다. '아니'로 시작하는 말들은, 주로 내가 내 상황을 인정하거나 객관적으로 바라볼 여유가 없을 때 나온다. 내 감정이 이성보다 엄청나게 앞설 때 먼저 나오는 말.

아무튼 그때는 유독 왜 그런지 모르겠는 억울함이 쌓였고, 남편 말대로 어디 광장이라도 나가 소리라도 지르고 싶은 마음이 컸다. 실제로 회사 내에서 운영하는 근로자 심리지원 프로그램 상담에서도 이런 마음을 토로한 적이 있다.

"선생님, 제가 이런 억울한 마음이 드는데. 이런 마음이 해소가 돼야 할 거 같아요. 이건 저한테 독이 되는 마음이잖아요."

아이를 낳기 전과 아이를 키우기 시작한 후의 직장생활은 전생과 후생이라고 할 만큼 달랐기 때문일 것이다. 고려해야 할 변수가 상수만큼 많았고, 당시 내가 쓸 수 있는 패가 많지 않았기 때문이기도 하다. 그래서 나는 항상 신경이 곤두서 있었고, 소화가 되지 않았다. 그 상황에 대한 소화력이 없었다.

왜 아니겠는가?
나 혼자의 삶을 살아온 경력은 35년이나 되고, 그냥 직장인으로 15년 차이지만, 워킹맘으로 살아온 경력은 5년 남짓이었다.
35년의 삶을 통해 비로소 나 혼자 살아갈 힘을 얻었는데 당장 그와 같은 힘을 하나 더 달라고 떼쓰는 것이니 버거운 게 당연했다. 그렇다고 가만히 앉아 시간이 해결해 주기만을 기다릴 수도 없는 법.

그래서 내가 선택한 약은, 육퇴(육아퇴근) 후 글쓰기다.

사람은 그러고 보면 인생의 궤적으로 볼 때 크게 변하지 않는다.
마음이 심란할 때, 머리가 아플 때 이를 해결하기 위해 쓰는 방법은 자신에게 가장 편한 방법이기 때문이다. 유독 자신에게 잘 듣는 약이 있지 않은가.
나는 그게 운동이었고, 두 번째가 글쓰기였다. 그런데 운동만으로는 내 안의 목소리를 표출하는 데 한계가 있었기에 두 번째 방법을 선택한 것이다.

이전에도 다음 Daum에서 운영하는 브런치 brunch 라는 플랫폼을 종종 이용했는데 거기에 올라온 글들을 보며 꽤 흥미를 느꼈다. 일반인도 온라인 플랫폼을 통해 '작가'가 될 수 있다는 게 무엇보다 매력적이었다.

이제 와서 말이지만 나는 브런치 작가가 되기까지 삼수를 했다. 브런치 작가 신청 후 두 번의 고배를 마셨다. 그렇게 시행착오를 통해 결국 '브런치 작가가 되신 걸 축하드립니다'라는 메일을 받았을 때 나는 돌파구를 찾은 듯했다. 내 안에 쌓인 말들을 풀어낼 돌파구. 엉키고 설켜서 진짜 내 마음이 무엇인지 알 수 없을 때 풀어낼 도화지. 내겐 그게 바로 브런치였다.

지금도 나는 브런치에 가끔 글을 쓴다. 그리고 브런치에 연재했던 글들을 엮어 책으로 내고 싶다는 꿈을 꾼다.

내게 부족한 결핍은 내가 성장할 원동력임을 믿는다.
실제로 브런치를 통해 '라라크루'라는 새로운 작가 모임에도 가입하고, 쑥과 마늘이라는 하루 습관 만들기도 시작했다.

또한 최근에는 엄마 작가들과 공저를 준비하고 있기도 하다. 워킹맘으로서의 결핍이 내 인생 전체에 성장 동력이 된 것이다.

나는 한 편의 글을 쓸 때 큰 고민은 하지 않는다.
그저 내 마음을 잘 솎아내고, 풀어낼 말들을 상상한다.
그 과정을 통해 내 마음을 소화시키고, 축적된 말들을 소화시키고, 내가 매일 살아가는 일상을 소화시킨다.
내게 있어 글쓰기는 소화제다.
체한 거 같은 마음과 무겁게 눌린 머리를 소화시키는 명약.
그게 내가 오늘도 글을 쓰는 이유다.
일과 육아를 병행하는 워킹맘, 워킹대디들에겐 분명 소화제가 필요한 순간이 있을 것이다. 운동, 여행, 독서, 수다 등 여러 가지 방법 중적어도 한 가지만은 상시 구비해 두라고 말하고 싶다.

가급적 손쉽게, 혼자서, 빠르게 찾아먹을 수 있는 약으로.
일과 육아에 대한 열정으로 뜨거운 우리에겐 언제나 상비약이 필요한 법이니까.

브런치 작가 되기

모름지기 남의 실패담이 나의 성공담이 되는 법이니 나의 실패담을 풀어보도록 하겠다.

첫 번째 브런치 작가 신청에 실패했을 때는 쓰고자 하는 주제 자체가 모호했다. 그냥 두루뭉술하게 앞으로 잘 써보겠다는 식의 기획안을 낸 것 같다. 일단 브런치는 주제성이 뚜렷해야 한다. 특별한 주력메뉴 없는 식당이 잘될 리가 없는 것과 같다. 뷔페식 브런치는 어느 정도 필력이 입증된 후에 가능하다.

두 번째는 글의 진정성이 모호했던 것 같다. 직장인으로서의 에피소드와 조언 등을 쓰고자 했는데 사실 진짜 내가 그 이야기를 하고 싶었는지 모르겠다. 그냥 다른 브런치를 살펴보니 직장인 에세이가 많았고 또 있어 보이기도 해서 따라한 듯하다. 모방은 창조의 어머니라지만, 그것도 진정성 있는 모방일 때나 가능하다.

결국 브런치의 성공은 '진짜 나'를 드러낼 준비가 돼 있느냐 하는 것에 달렸다. 브런치 인기글만 봐도 적나라하게 자신을 드러낸 글들이 많음을 알 수 있다. 독자들은 그런 글을 귀신같이 알아보고 공감하며 응원한다.

진짜 내가 하고픈 이야기가 뭔지 솔직하게 드러내 보자. 그리고 내가 그 글을 통해 무엇을 말하고 싶은지 써보자. 마지막으로 쓰자. 써야 내가 드러나고 나도 무슨 말을 하고픈지 알 수 있다.

그 글들이 어느 정도 쌓였을 때 (10편 정도 추천) 두드리자. 브런치 가게에.

열려라 참깨!

육동(육아동지)이 필요한 10,000가지 이유
나만 이렇게 힘든 게 아니야

육동 1

그녀의 나이는 40대 중반, 초등학교 1학년 딸과 미취학 유치원생 딸이 있다. 그녀는 8시 출근, 5시 퇴근을 하는 풀타임 직장인이자 퇴근 후 아이의 목욕부터 식사, 잠자리 이후 아침까지의 육아를 담당하는 엄마이다.

보통은 아이들이 일어나기 전 출근길에 나서는데, 그사이 아이가 깨면 "엄마 가지 마, 누워!" 하는 통에 한바탕 소동을 치르고 와야 한다. 하지만 차라리 그게 나을 때도 있다.
이미 출근했는데, 아이의 컨디션이 좋지 않기라도 한 날엔 아빠도 싫고 엄마가 와야만 유치원에 간다고 막무가내 떼를 쓴다. 그래서 그녀는 회사 코앞까지 도착한 차를 돌려, 급하게 시간제휴가를 쓰고, 집에 돌아간 적도 있다.

하지만 어느새 세월이 갔다. 어떻게 간지도 모르게.
아이들은 컸지만, 여전히 엄마 손을 필요로 했다. 그녀의 몸과 마음에서는 힘에 부친 신호들이 여럿 나타나기 시작했지만, 자기 자신을 돌아볼 여유가 없었다. 그녀에겐 손이 두 개뿐이라, 아이 둘에게 그 손을 내어주고 나면 자신에게 내밀 손이 없었다.

육동 2

그녀의 나이는 40대 초반, 초등학교 2학년 아들과 미취학 유치원생 딸이 있다. 그녀는 10시 출근, 7시 퇴근을 하는 풀타임 직장인이자 출근 전 아이들의 등원, 퇴근 후 아이들의 잠자리 이후 아침까지의 육아를 담당하는 엄마이다.
아이들은 자정이 돼야 자기 때문에 퇴근 후 그녀만의 시간은 존재하지 않는다.

그녀는 혼자만의 생각을 정리할 시간이 필요한 타입인데 기껏해야 그 시간은 아이들이 어질러놓은 장난감을 정리하는 시간뿐이다.
그녀는 아이를 돌봐주느라 상주하는 친정엄마와 남편 사이의 관계를 조율하는 조율자이자, 여러 민원사항을 최대한 평화롭게 해결해야 하는 중재자였다. 또한 혈기왕성한 아들이 학교나 학원에서 만들어낸 사건 사고(?)의 뒤처리도 전담한다.

그녀는 평화를 사랑하는 비둘기파로서 최대한 모두가 평화롭기를 바라지만, 그를 위해 정작 그녀 자신은 매일 전장에서 보초를 선다. 그녀의 건강검진 결과가 말해주듯, 평화를 위한 총탄을 매일 쏘았더니 그녀에겐 철분이 부족하다고 한다. 철분제는 그녀의 필수템.

이렇게 나에게는 두 명의 육아선배님이자 육아동지가 있다.
회사를 다니면서 이런 인연을 만난 게 행운이라고 생각한다. 육아용품을 나눔 받는 건 기본이요, 육아와 일을 하면서 느낀 고민에 대한 해결책도 함께 나눈다.

전업맘에게는 전업맘의 고충이, 워킹맘에게는 워킹맘의 고충이 있다. 그 공감대는 비슷한 처지와 상황의 사람끼리 더 진하게 공유된다. 따라서 육아하는 직장인들에게는 같은 직장 내 서로의 힘듦을 공유할 수 있는 사람이 있다는 것만으로도 위안이 된다.
주말엔 별일이 없었는지, 아이가 어린이집(유치원)에서 이런 일이 있었는데 어떻게 생각하는지, 이런 경우 회사에 어떻게 말하는 게 좋을지 등 미묘하게 얽혀있는 일과 가정의 줄다리기를 함께 하는 동료는 마치 전우와 같다.

나는 이 육아공동체 연맹을 적극 추천한다.
비록 모여서도 아이 이야기, 회사 이야기뿐이지만 그만큼 우리에겐
아직 풀어내지 못한 이야기가 많다는 의미이기도 하니까.
'나만 이렇게 힘든 게 아니야' 하는 것만큼 위로와 위안이 되는 게
있을까. 명쾌한 해답이 있는 대화와 관계도 좋지만, 실제로 세상엔
그런 경우가 많지 않다. 그러니 너도 힘들고, 나도 힘들지만 너도 지
나갔으니 나도 지나가겠지 하는 실존하는 증거이자 증인인 사람들
이 주변에 많이 있을수록 힘이 된다.

실제로 아이를 낳고 훨씬 가까워진 동료들도 많다.
서로의 징검다리가 되어주고, 안식처가 되어주고, 대나무 숲도 되어
주기 때문이다.
각자가 처한 상황과 위치는 조금씩 다르지만 육동이라는 존재는 워
킹맘들에게 종합비타민제와 같다. 감기가 걸려도 조금 덜 아프고, 더
빨리 낫게 해주는.

출퇴근 자부타임
소소한 성취가 행복이 된다

하루 중 나에게 주어지는 자유시간을 계산해보면, 얼마나 될까?

사실 회사 근무시간을 제외하곤 거의 자유 시간이었던 솔로 때와 달리 '자부(자유부인)'가 얼마나 소중한지를 깨닫게 되다 보니, 날 잡고 하루 노는 자부데이로는 성에 차지 않았다.

행복은 빈도순이니까, 빈도를 최대한 높이려면 전략적으로 자부타임을 기획해야 한다. 사실 그래봤자 아주 소소하다.

이를테면, 출퇴근 시간을 합치면 하루 1시간 남짓 된다.

차를 운전하며 출퇴근하다 보니 집중해서 무언가를 할 수는 없지만 요샌 워낙 문명이 발달해서 하려면 얼마든지 할 수는 있다.

내가 선택한 건 올해 내가 문외한인 영역을 깨는 것.

그 첫 번째가 '경제시사뉴스' 듣기다.

원래 나는 신문방송학 전공자요, 언론고시를 꽤 준비했던 1인으로서 최신시사상식을 달달 꿰고 있었다. 주요일간지도 독파했고, 시사상식 월간지도 매달 샀다. 하지만 결국 다른 본업을 갖게 됐고, 부작용(?)으로 뉴스라면 지긋지긋해졌었다. 그런데 그러다보니 정말 세상 돌아가는 일에 문외한이 됐다. 특히 경제적 사고능력이 제로화됐달까.

그러다 '손에 잡히는 경제'라는 라디오 프로그램을 알게 됐고, 네이버 오디오클립을 통해 무료로 듣기 시작했다. 한 클립당 시간은 10~15분 남짓으로 적당했다. 스페셜 코너일 경우엔 출퇴근 시간 모두를 할애하면 들을 순 있다.

그렇게 뉴스를 들었고, 듣고 끝나면 한귀로 들어와 다른 한귀로 나가게 되니 하나의 목적의식을 심었다. 바로 브런치에 '명품 브레인 프로젝트'라는 연재 글을 쓰기 시작한 것. 경제 관련 시사뉴스를 듣고 그중 가장 흥미로운 이슈를 조금 더 공부하여 글을 쓰는 거다.

그러다 보니 아무래도 조금 더 귀를 기울여 뉴스를 듣게 됐다.

예를 들어 '영어유치원은 유치원이 아닙니다'라는 뉴스를 듣고 글을 썼는데 그 글은 조회 수가 일만(10,000) 회를 돌파하기도 했다. 나 스스로 경제에 친숙해지니 좋고, 남들에게도 도움이 되니 이런 일석이조가 없다.

두 번째는 퇴근시간 30분의 타임이다.
사실 퇴근할 때 30분은 일부러 설정해두진 않는다. 골치 아픈 일이 많을 때도 있고, 이미 컨디션이 많이 떨어져 있기 때문이다. 그래서 이 시간에 나는 음악 듣기를 한다. 생각보다 시시한가? 그런데 이걸 나는 '나의 마음 정화 시간'으로 명명한다.

일과 사회생활에 나도 모르게 몰입돼있는 마음을 정화하는 거다. 몸은 퇴근했지만 다 끝내지 못한 일이 생각날 수도 있고, 오늘 하루 억울하거나 짜증 났던 감정이 여전히 묻어있기도 하다. 그대로 어린이집에 아이를 데리러 가면 누적된 피로까지 더해 나도 모르게 아이에게 화를 내거나 짜증을 낼 확률이 기하급수적으로 올라간다.
그래서 의식적으로나마 내 마음을 정화해서 내 마음에 여유 공간을 만드는 것이다.

음악은 내 마음 상태에 따라 그날그날 다르다. 이 소리 저 소리 듣느라 귀가 지친 날은 명상음악이나 클래식 음악을 듣는다. 미간이 찌푸려지고 어이가 도망간 날엔 90년대 댄스음악을 들으며 따라 부른다.

또 어떨 땐 그냥 무심코 아이의 재생 목록이 틀어져 번개파워 같은 동요를 들을 때도 있다. 그럼 딴생각 하지 않고 번개파워 가사를 따라 부르곤 한다.

그렇게 노래를 흥얼거리거나 고요함을 즐기다 보면 어느새 집에 도착한다. 회사와 내 몸이 떨어진 거리만큼, 회사와 내 마음도 간격을 둔 채로. 물론 이 시간을 영어 앱을 따라 하거나 책 읽어주는 앱 등을 활용해 사용할 수도 있다. 생각보다 다양하고 좋은 콘텐츠들이 많으니 자신에게 주는 선물로 자투리 시간을 활용해보자.

그 소소한 성취가 행복이 된다.

오디오 콘텐츠 추천

손에 잡히는 경제(손경제)

이 프로그램은 크게 두 갈래로 나뉜다. 하나는 최신 뉴스를 짤막하게 다루는 '이진우의 손에 잡히는 경제'로 월~금까지 8시 30분~9시 진행된다. 또 하나는 '박정호의 손경제 플러스'로 매일 오후 8시 5분~8시 57분 진행되는 심층 뉴스 코너다. 나는 그날 생방송을 듣는 편은 아니지만 오디오 클립을 통해 천천히 뉴스를 따라가는 편이다. 그리고 만약 활자로 내용을 다시 확인하고 싶으면 손경제 홈페이지에 들어가서 손경제 스터디 탭을 누르면 많은 뉴스들의 원고가 올라와 있다.

네이버 audio clip

어학, 인문교양, 라이프, 강연, 뉴스시사, 과학, 문화예술, 여행, 스포츠, 전시 도슨트 등 다양한 카테고리의 콘텐츠들이 있다. 유료인 것과 무료인 것이 있으니 본인의 취향과 경제 상황에 맞춰 들으면 된다.

chapter 06

아이를 낳을지 고민인 후배에게

내가 아닌 '엄마'라는 이름이 무서워요
'엄마'라는 또 다른 이름이 무서운 후배에게

내가 그의 이름을 불러 주기 전에는

그는 다만

하나의 몸짓에 지나지 않았다.

내가 그의 이름을 불러 주었을 때

그는 나에게로 와서

꽃이 되었다

－ 김춘수, 꽃

제가 결혼 전 자주 하던 말이 뭔지 기억해요?

"내 한 몸 건사하기도 힘들다."

잘 알겠지만, 나는 아이를 좋아하는 성향도 아니었고 누군가의 '엄마'라는 이름을 부러워한 적도 없었어요. 그런데 아이를 낳고 보니 병원에서 처음으로 '누구 어머니'라고 부르더군요. 어린이집에서도 항상 '누구 어머니'로 불려요.

거부감이 생겼냐고요? 아니요.
어머니 앞에 붙는 내 아이의 이름을 들을 때 전 아직 뭉클해요.
내가 어머니라니, 하는 생경함을 누르는 깊은 뭉클함이 올라와요.
심지어 '엄마'라는 이름을 부르며 제게 매일 고백해주는 남자가 생겼죠.

"엄마 너무 좋아."
"엄마 이뻐."
"엄마 콧구멍 귀엽다."

하루 종일 미간에 주름 잡혔던 제 얼굴을 쓰다듬으며 제 콧구멍이 귀엽다는 이야기를 누구한테 듣겠어요?
자기 전엔 제 손을 끌어다가 자기 심장에 갖다 대고, 제 발을 끌어다가 자기 발가락에 붙여 둬요. 그리고 저를 부둥켜안고, "엄마 너무 보고 싶었어"라고 속삭여요.

아이가 '엄마' 라는 이름을 불러줄 때면 엄마라는 이름에 묻혀있던 무수한 책임감과 의무감이 사르르 녹고, 엄마라는 이름은 솜사탕 같은 달큰한 냄새를 풍겨요.

물론 아이가 말을 하지 못할 때는 일방향적 소통이었기에 부담감과 의무감이 훨씬 컸어요. 그런데 아이가 '엄마' 를 호명하고 엄마에 대한 말을 시작하면서 아이도 저에게 사랑을 표현하기 시작해요.

어떤 교육이나 훈련의 결과가 아닌, 의도나 계산이 들어있지 않은 순도 100%의 말들.

아이가 '엄마' 라고 부르는 순간, 아이의 여리고 순수한 감정이 제게 전이돼요.

어느 날은 제가 허둥지둥 지각을 목전에 앞두고 집에서 나오려는데 비가 오는 거예요. 급한 마음에 미간을 잔뜩 찌푸리고 유모차의 방수 커버를 낑낑거리며 씌우고 있었죠. 그러자 저를 빤히 보던 아이가 "엄마, 내가 도와줄까?" 하고 묻더라고요.

아이는 4살이에요. 아이의 발은 아직도 제 손보다 작고, 아이의 손은 아직 으스러질까 꽉 쥐어 잡지 못할 정도로 작고 연약하죠. 그런데 아이는 이미 자기가 엄마를 도와줄 수 있는 존재라고 믿어요. 그런데 신기하게도 어느 순간 제가 아이에게 부탁을 하고 있더라고요.

"엄마 화장실에 있는데, 휴지가 없네. 휴지 좀 갖다줄래?"
"엄마 쓰레기 버릴 게 많은데, 상자 하나만 들어줄래?"

그럼 아이는 당연하다는 듯이 엄마의 부탁을 듣고, 고사리 같은 손으로 화장지를 몇 장 뜯어오거나 온몸으로 빈 상자 하나를 부둥켜 안아요. 아이에게만 엄마가 절대적으로 필요한 존재가 아닌 거죠.
이제 엄마에게도 아이가 꼭 필요한 존재가 된 거예요. 그런데 아이가 엄마에 대한 책임감과 의무감에 두려움을 느낄까요? 오히려 아이는 그 순간 자신이 엄마에게 필요한 존재고, 엄마에게 도움을 줄 수 있다는 사실에 기쁨을 느껴요.

저는 엄마에게도 그런 순간이 온다고 생각해요.
어쩌면 그런 순간은 항상일지도 모르죠.
무섭지 않냐고요? 무섭죠.
엄마가 된다는 것 자체가 무서운 게 아니라, 좋은 엄마가 되고 싶다는 부담감이 무서운 건 아닐까요? 엄마는 엄마인 것만으로도 아이에겐 충분한 존재예요. 그러니 너무 높은 이상만 버리면 무섭지 않을 거예요. 오히려 엄마만이 느낄 수 있는 아이와의 교감이 그 부담감과 의무감을 녹여줄 해독제가 되어줄 거예요. 그러니 엄마가 되는 걸 너무 걱정하지 말아요.

퇴근하고 다시 집으로 출근하는 삶은 어때요?
지금보다 더 피로하고 고단한 삶이 두려운 후배에게

배우 유해진 씨가 이런 말을 하더라고요.

> **"**
> 내가 굿모닝의 기분이 아니었는데
> 상대방이 굿모닝을 하기에
> 나도 굿모닝을 하다 보니까 굿모닝 되는 거야
> **"**

매일 굿모닝, 굿나잇하는 삶이 있을까요?
아이가 어릴 땐 새벽같이 일어나는 탓에 굿모닝이 아닌 모닝이 많았
었죠. 대신 일찍 자는 아이 덕분에 굿나잇한 나잇도 많았죠.

그런데 어느 날 아이가 어린이집에서 배웠는지 일어나자마자 저한 테 "굿모닝" 하는 거예요. 저도 "응, 굿모닝" 했죠.
그렇게 굿모닝이 됐어요.

아이와 몸으로 놀아줘야 하는 주말이 두렵다는 금요병에 시달리는 사람들, 회사 가는 월요일이 두렵다는 월요병에 시달리는 사람들.
세상에는 다양한 마음의 사람들이 있죠. 저도 이전에는 후자에 가까 웠어요.
지금은? 아마도 금요병과 월요병 사이 어딘가에 있는 것 같네요.
그런데 월요병만 있던 삶과 지금의 삶의 차이가 뭔지 알아요?
일주일 중 가장 행복한 순간이 언제인지 꼽으라면, 매일의 어느 순 간이라는 거예요.
확실한 행복의 순간이 매일 분명하게 존재하게 됐죠. 아이 덕분에.

아이와의 아침 일정을 소화해내고 회사에 오면 또 새로운 이슈들이 쏟아지는 날도 있죠. 그런데 과거와 달리 그 순간에 조급하거나 상 황에 매몰돼 눈앞의 일이 '엄청나게 큰일'이 되는 경우가 줄어들었 어요. 육아와 직장이라는 파도를 넘나들면서 꽤나 회복 탄력성이 높 은 서퍼 surfer 가 됐거든요.

그리고 퇴근 후에도 아이와의 여정을 또 준비해야 하기에 에너지를 잘 분배해서 쓰는 법을 터득했어요. 그래야만 길게 유지 할 수 있거든요. 직장에서의 역할도, 가정에서의 역할도.

그래서 할 수 있는 거예요. 매일 회사에서 퇴근하고 다시 집으로 출근 하는 삶을.
절대 슈퍼우먼이나 원더우먼이어서가 아니죠.
회사와 가정에서 넘실대는 파도에 가끔 넘어지고 다쳐도 다시 중심을 잡는 방법을 터득했을 뿐이에요.
일하는 엄마나 아빠는 회사와 가정에서 완벽함을 수행해야 하는 로봇이 아니에요.

그냥 "굿모닝" 하고 아침을 시작하고 "굿나잇" 하고 저녁을 마무리하는 매일을 살 뿐이죠. 그렇게 '굿데이' 가 모이고, '굿라이프' 가 되는 거예요.

다시 돌아가더라도 결혼과 아이를 선택할건가요?

결혼과 출산에 대한 확신이 없는 후배에게

사랑은 눈으로 보지 않고 마음으로 보는 거지.

– 윌리엄 셰익스피어

거두절미 하고 결론부터 말할까요?

저는 이 힘들고 고단한 과정을 다시 선택할 거예요.

힘들고 고단함 너머의 위대한 사랑을 기억하는 한요.

그런데 이건 제 글을 눈으로 본다고 이해되는 일은 아니죠.

그래서 아래 제 이야기를 읽고 느껴지는 후배님의 마음에, 그 답을

미뤄둘게요.

엄마 눈이 강 같아, 바다 같아

어느 날 아침 아이와 함께 아침밥을 먹는데 아이가 자꾸 눈을 비빈다. 요새 바람이 많이 불어 눈에 알레르기가 생겼나 싶었다.

"눈약 넣을까?"
아이는 '도리도리'
"눈이 안 아프라고 물을 넣어줘야 눈이 반짝반짝 해지지."

내 말을 듣더니 아이가 내 눈을 고요히 바라본다.
"엄마 눈은 왜 반짝반짝해? 약 넣었어?"
"아니, 엄만 눈이 안 간지러워서 안 넣었지."
"근데 왜 반짝반짝해?"

당황한 나는 그냥 아이 눈을 바라보았다.
아이 눈에 내가 보였다.
'눈곱도 제대로 안 뗀 내 눈이 반짝반짝할 리가?'
침묵 속에 서로의 눈을 바라보던 우리 둘.
내가 먼저 침묵을 깼다.

"우리 준이 눈에 엄마가 보인다!"

"엄마, 엄마 눈이 강 같아."

"응?"

"엄마 눈이 강 같아, 바다 같아."

내가 이런 감수성 덩어리를 낳다니.

엄마 아빠는 모두 T인데 이게 무슨 일인가.

"엄마 눈이 왜 강 같아?"

"준이가 보여!"

아, 내 눈에 아이의 얼굴이 비치니 그게 강 같고, 바다 같다고 느껴졌나 보다.

아니면 아이를 바라보는 엄마의 눈에 사랑이 흘러넘쳤나?

아이와 서로 눈을 빤히 바라보고 있는 순간이 나는 참 좋다.

아이와 나를 둘러싼 공기가 고요해진다.

마음이 덩달아 고요하다.

그저 계속해서 바라보고만 있을 수 있을 것 같은 느낌.

아이 눈에 비친 나를 보고, 나를 바라보는 아이를 본다.

빨려 들어갈 것만 같은 아이의 눈, 그러고 보니 티끌 하나 없는 말간 아이의 눈은 정말 바다 같다.

내가 낳은 건 아이가 아니라, 바다인가?

아이와 함께하다 보니, 극 T인 나도 F가 되는구나.

아이를 낳아야 할지 고민하는 후배에게

지는 것을 염려하며 피어나는 꽃이 있을까?

사람은 모순을 안고 사는 존재라서, 꽃이 질 것을 염려하며 꽃구경을 간다.

꽃이 지는 것을 걱정하는 건, 꽃이 아니다.

그걸 바라보는 사람뿐이다.

나무에 매달려 영롱한 빛깔을 뿜어내는 목련을 볼 때, '예쁘다'라는 생각 뒤에 곧이어 따라붙는 생각은?

'아, 근데 목련은 금방 져. 길에 떨어지면 더러워지는데.'

빨리 피는 꽃은 빨리 지는 게 당연하고, 한번 핀 꽃은 한번 지는 것도 당연하다.

하지만 아쉽고, 안타깝고, 염려되고. 그게 사람 마음이다.

문득 그런 생각의 말미에, 최근 후배와 나눈 대화가 떠올랐다.

후배는 결혼한 지 얼마 안 됐고, 아직 아이가 없다.

그런 후배가 이런 말을 했다.

"

근데, 선배님. 저는 무서워요.

요새 학폭이니 뭐니 말이 많잖아요.

예전에 내 아이가 피해자가 되면 얼마나 무서울까 싶었거든요.

근데요, 다시 생각해 보니

내 아이가 가해자면 더 무서울 것 같아요.

전 이런 게 무서워서 아이 낳기가 두려워요.

"

무슨 말인지 안다.

왜 아니겠는가. 세상이 흉흉하고, 아이를 낳고 나면 세상은 더 위험한 것 투성이다.

"그렇죠. 피해자든 가해자든 너무 무서운 일이에요"라고 대답했다.

실제로 그런 일이 벌어지면… 나도 감당할 자신은 없다.

그런데…

꽃이 바람에 떨어지는 걸 보기 두려워,

만개한 봄꽃 길을 눈감고 걸어갈 것인가.

꽃길만 걷자 해놓고, 꽃향기에 달라붙는 벌과 벌레들을 모두 쫓아버

릴 수 있는가.

꽃이 떨어져야 열매가 생기고, 벌과 벌레들 사이에 있을 때 꽃은 영

구한 자생력을 갖는다.

아이도 그런 것 같다.

아이를 바르게, 좋은 환경에서 키우는 건 중요하다.

하지만 세상의 햇살과 바람을 내 아이에 맞게 조절할 수는 없는 노릇.

아이가 상처를 주거나 받을까 봐, 아이를 낳지 않는다는 건 사실 나

의 오만이자 욕심이다.

아이가 주는 기쁨, 아이가 갖고 있는 희망은 현재 진행형이다.

미래에 있을지 모를 불안정성 때문에 현재나 미래의 희망과 기쁨을

포기하는 게 맞을까.

그 아이가 어떤 미래를 그려갈지를 모르는데,

미래에 있을지도 모를 나의 불안 때문에 꽃 피울 기회 자체를 주지

않는 게 과연 옳을까.

물론 아이를 낳고 키우는 건 개인의 선택이다.

그 책임은 아직까지 개인에게 너무나 막중한 무게로 다가오기에 그 누구도 이렇다, 저렇다 하며 강요할 순 없다.

하지만, 꽃이 지는 걸 두려워 꽃을 피우지 않을 순 없다.

꽃잎이 떨어지는 게 무서워 꽃길을 피해 다니는 사람이 있던가.

나 홀로 핀 꽃은 여유롭지만 무료하다.

햇살, 비, 바람을 혼자 맞고 혼자 버텨내면 된다.

나눠줄 것도 나눠 받을 것도 없으니.

함께 핀 꽃은 버겁지만 행복하다.

햇살, 비, 바람을 함께 맞고 함께 버텨내면 된다.

한줄기에서 핀 이상 그것은 숙명이다.

혼자 핀 꽃과 함께 핀 꽃 중 어떤 꽃도 좋다, 나쁘다 할 수는 없다.

그러나 어떤 꽃도 피기 전에 질 것을 염려하진 않는다.

꽃이 필 시기, 꽃이 내뿜는 향기, 꽃잎의 시듦.

그 어느 것도 돌봐주는 사람이 결정할 수는 없다.

꽃의 운명은 꽃만이 안다.

어느 날 어린이집 등원 길에 아이가 어린이집 뒤뜰에 심어둔 화분을 자랑하더군요.

"엄마, 봐봐. 내가 심은 씨앗에서 잎이 엄청 많이 났어!"

3월 초 고사리 같은 손으로 심어놓은 씨앗이 어느새 새싹이 되어 피어난 겁니다. 그게 뭐라고 참 감격스럽더군요.
내가 낳은 생명체가 또 다른 생명체를 심어서 키워 내다니.
기적에 가까운 일 아닐까요?

내가 아이를 낳지 않았다면 알아채지 못했을 작은 기적들.
그 기적의 씨앗들이 곳곳에 심겨 있습니다.
그 씨앗들이 어떤 꽃으로 피어날지는 모릅니다.

다만 아주 작고 사소한 일상에 행복이 있다는 걸 저는 아이를 통해 배웁니다. 세상을 순수하게 바라보는 아이들의 시선이 있기에 세상이 아직 살만하다는 걸 배웁니다.
그리고 내 아이가 살아갈 세상이 조금 더 나은 세상이길 꿈꿉니다.
이 모두 아이라는 씨앗이 있기에 가능한 일입니다.
미래를 모른다는 것, 그건 기대해 볼만한 일입니다.

그날의 너
저자인 나 자신에게 보내는 편지

너는 기억 못 하겠지
그날의 꽃반지를 몇 번째 손가락에 끼었는지

너는 기억 못 하겠지
그날의 꽃반지 냄새가 어땠는지

너는 기억 못 하겠지
꽃반지를 만든 날씨가 어땠는지

너는 기억 못 하겠지
꽃반지를 만들 때 너를 바라본 눈동자를

너는 기억 못 하겠지
꽃반지를 끼워준 보드라운 손가락의 느낌을

너는 기억 못 하겠지
꽃반지를 나눠 꼈을 때 차오른 솜사탕 같은 뭉클함을

그날의 너는, 나다
그날의 너는, 한 달 전, 반 년 전, 일 년 전의 나다

나는 매일 그날의 너를 만든다
하지만 그날의 너는 시간의 마법으로 쉬이 사라진다

언젠가 진짜 기억의 망령이 너를 찾아온다면,
그날의 너들은 모두 사라져 버리고 말 것이다

그날 결국 남는 건,
아무것도 기억하지 못하는 나뿐이다

어제의 너는 어떤가
어제 너와 함께한 아이의 표정, 말, 체온을 모두 기억하는가

어제가 그날이고, 오늘이 그날이 된다
그날의 너는 무엇을 기억하고 싶은가

아이가 나를 바라보는 초롱한 눈동자,

내 손을 잡아끄는 오동통한 손가락,

정수리와 목덜미에서 뿜어져 나오는 귀여운 냄새 등이 그리울 날이 언젠가 오겠죠?

오늘도 전 근무 시간 내에 일을 마무리하기 위해 허덕이는 심장을 부여잡고 퇴근합니다. 집에 돌아와 아이를 씻기고 저녁을 만들고 먹이며 제일 많이 한 말은 뭘까요?

"아이고, 피곤해. 피곤해 죽겠네"인 듯합니다.

무의식적으로 내뱉은 그 말을 아이는 얼마나 많이 들었을까요?

아이가 엄마와 나누고픈 말이 "피곤해 죽겠네"는 아니었을 겁니다.

아이에게 제가 하고픈 말도 그 말은 아니었을 텐데요.

아이가 기억하는 엄마는 어떤 모습일까요?

제가 기억하는 아이의 표정, 말, 체온만 생각한 나머지

아이가 기억할 제 표정, 말, 체온을 잊은 건 아닌지 돌이켜봅니다.

언젠가 기억하지 못할 순간들을 위해

오늘 하루, 지금 이 순간을

기억하기 위해 기록합니다.

포기하지 않은 봄, 여름, 가을, 겨울을 보내고 나니 사계절의 언덕이 생겼다.